林业补助政策
效益监测与评价
（2015—2019）

国家林业和草原局经济发展研究中心　编

中国林業出版社
·北京·

图书在版编目（CIP）数据

林业补助政策效益监测与评价．2015—2019／国家林业和草原局经济发展研究中心编．—北京：中国林业出版社，2020.7
ISBN 978-7-5219-0659-2

Ⅰ．①林… Ⅱ．①国… Ⅲ．①林业政策－研究－中国－2015—2019 Ⅳ．①F326.20

中国版本图书馆 CIP 数据核字（2020）第 120229 号

中国林业出版社·林业分社

责任编辑：李　敏

出版发行：中国林业出版社（100009 北京市西城区德胜门内大街刘海胡同7号）
E-mail: lmbj@163.com 电话：（010）83143575
http://www.forestry.gov.cn/lycb.html

印　　刷：北京中科印刷有限公司
制　　版：北京美光设计制版有限公司
版　　次：2020年7月第1版
印　　次：2020年7月第1次
开　　本：889mm × 1194mm 1/16
印　　张：8.5
字　　数：207千字
定　　价：99.00元

《林业补助政策效益监测与评价（2015—2019）》
编辑委员会

领导组

组　　长：李　冰　　刘克勇　　王永海

副 组 长：王月华　　菅宁红　　周　戡

成　　员：赵金成　　孔　卓　　田国双　　沈月琴　　漆雁斌
　　　　　管　健　　陈卫洪

编写组

主　　编：陈雅如　　周　戡

副 主 编：张　多　　李　想

编写成员（按姓氏笔画排列）：

王　丽　　韦　锋　　付丽梅　　朱洪革　　朱　臻
刘爱珍　　严中成　　李　想　　杨　红　　吴欣然
张少鹏　　张　多　　张宏胜　　张　媛　　陈雅如
罗　靖　　周　隽　　周　戡　　赵金成　　徐　毅
曹子娟　　曹　博　　韩　锋

前言

林业和草原事业的高质量发展对国家社会经济发展和生态文明建设具有重要意义。加强国家林草治理体系和治理能力现代化建设，加快构建新型财政支持林草政策体系，更好地发挥林业和草原增加生态资源资产、增强生态系统功能、增进基本民生福祉的根本作用，已成为当前林业和草原工作的关键和重点。

2011年以来，我国林业投资完成额持续增长，从2011年的2632.61亿元增长到2018年4817.13亿元，年均增长9.01%。其中，中央财政资金从2011年的772.76亿元增长到了2018年的1144.47亿元，年均增长5.77%。2009年，中央林业工作会议明确提出“建立造林、抚育、保护、管理投入补贴制度”，2010年起，中央财政相继推出了森林抚育补助、造林补助、林木良种培育补助、森林保险保费补助等林业补助政策试点工作，并逐年扩大。2017年，财政部联合国家林业局印发了《林业改革发展资金管理办法》（财农〔2016〕196号），林业补助资金更名为林业改革发展资金。2009—2018年，中央财政累计投入森林抚育补助、造林补助、林木良种培育补助和森林保险保费补助的总额达860.27亿元，从2011年的61.49亿元增长到了2018年的141.99亿元，年均增长12.70%。为进一步提高林业补助政策的导向性和效能，充分发挥政策惠农增收效应，跟踪林业补助试点绩效，推动林业补助政策完善，从2012年开始，国家林业局经济发展研究中心（以下简称“经研中心”）正式启动了中央财政林业补助政策效益试点监测（以下简称“监测”），监测省份覆盖辽宁、黑龙江、浙江、湖南、四川、贵州6省，与中国林业科学研究院、东北林业大学、浙江农林大学、四川农业大学、贵州大学和辽宁生态工程职业学院6家院校建立起长期稳定的监测队伍和监测网络，已出版2本著作，即2012年出版的《2011年中央财政森林抚育补贴经济社会效益试监测报告》，2016年出版的《2014林业补贴政策执行报告——基于国内监测调查和专题调研》，本书是以上两本著作的延续。

截至2019年，监测工作已经连续开展了8年，形成了样本县（森工局）、村（林场）和林农（林业职工）三级监测网络，长期固定监测样本覆盖10个市（县）、10个国有林场、重点国有林区的8个森工林业局、2个县，累计获得农户监测调查问卷3259份，林业局、林场职工问卷2080份，监测内容涵盖地方经济、家庭收入、政策执行情况以及政策效果等。本书回顾梳理了中央财政林业补助政策的发展脉络、实施情况，并基于2012—2019年开展的样本监测数据[①]，系统总结分析了政策执行成效、存在问题，长时间序列的固定样本监测数据是历年来监测工作的扎实积累。

监测结果表明，中央财政林业补贴政策达到了预期的政策效果，中央财政以资金补助、补偿方式支持造林和森林抚育等林业经营活动，强化了森林资源的保护与管理，促进森林资源数量增加、质量提升；激发了集体林林农生产积极性，促进了林农增收；保障了森工企业运营和职工工资支出；提高了林场职工和林农对林业政策的了解度和满意度。与此同时，林业补助政策也存在补助标准低、地区差异不明显、促进就业增收作用有限等问题。为此，基于多年对林业补助政策实施效果监测与评价，本书提出了相应的政策完善建议，如进一步提高补助标准，向全产业链补助转变，完善政策的地区差异化设计，向国有林区靶向性倾斜，加强政策宣传，完善相关配套措施等，希望本书能够为国家林草治理体系和治理能力现代化建设做出一定贡献。

编者

2020 年 4 月

① 开展调查当年是对上一年度政策执行情况的监测，因此文中对监测数据的描述是2011—2018年。

目 录

图表目录

总报告

林业补助政策作为一项由中央财政资金投入的扶持政策，旨在提高农民营林积极性、保障林农收益、促进林农增收、降低林业经营主体的经营风险。补助政策执行以来，加大了惠林政策的力度，增加了资金支出总量，在调动中央和地方投入林业的积极性方面发挥了重要作用，也有助于形成林业资本，对改善自然资源和生态环境，推动美丽中国建设，助力精准扶贫，实施乡村振兴，建设生态文明具有重要意义。

一、中央财政林业投入与林业补助政策概况

（一）中央财政林业投入政策概况

2003年6月，中共中央、国务院发布了《关于加快林业发展的决定》（中发〔2003〕9号），建立起“各级政府对生态型林业进行直接投资，对产业型林业进行指导”的投资政策框架，明确指出“要把公益林业建设、管理和重大林业基础设施建设的投资纳入各级政府的财政预算，并予以优先安排……森林生态效益补偿基金分别纳入中央和地方财政预算，并逐步增加资金规模”。同时指出“国家继续对林业实行长期限、低利息的信贷扶持政策”“林业经营者可依法以林权抵押申请银行贷款”等林业发展的金融支持政策。2009年中央林业工作会议明确提出“建立造林、抚育、保护、管理投入补贴制度”。自2010年起，中央财政相继推出了森林抚育补助、造林补助、林木良种培育补助、森林保险保费补助等林业补助项目政策试点工作，并逐年扩大。财政部联合国家林业局分别于2016年、2018年发布了《林业改革发展资金管理办法》（财农〔2016〕196号）、《生态保护恢复资金管理办法》（财农〔2018〕66号），四项林业补助纳入林业改革发展资金。十多年来，我国林业投资资金额不断增长，资金利用结构不断完善，加快了林业生态建设，促进了林业产业发展，加强了林业基础设施建设，促进了农民就业增收。

2011年以来，我国林业投资完成额持续增长，从2011年的2632.61亿元增长到2018年4817.13亿元，年均增长9.01%（图1.1）。林业投资完成额包括国家资金和社会资金，国家资金包括中央财政资金和地方财政资金，社会资金包括国内贷款、企业自筹等。国家资金投资重点主要用于造林抚育和森林质量精准提升等生态建设与保护项目，社会资金主要用于重点林业产业发展。中央财政资金、地方财政资金和社会资金的结构比例约为1∶1∶2。其中，中央财政资金从2011年的772.76亿元增长到了2018年的1144.47亿元，年均增长5.77%。

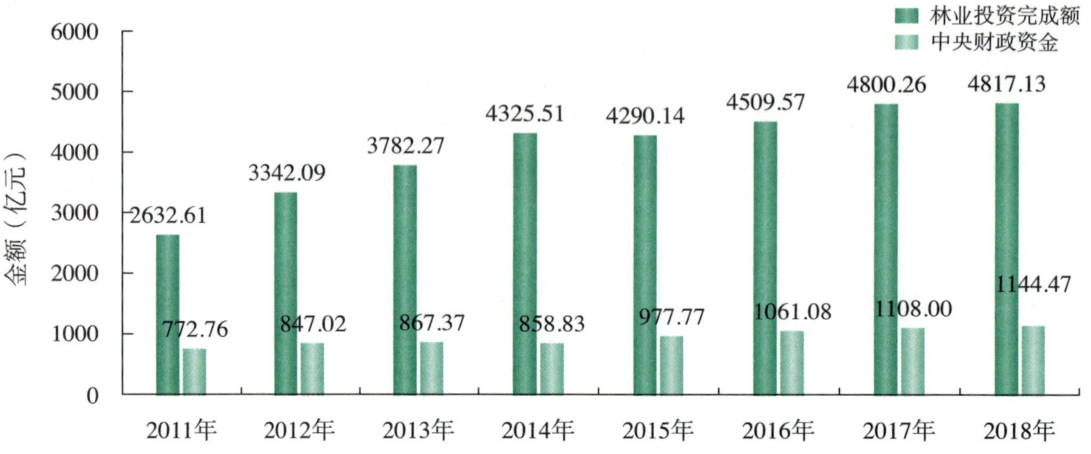

图1.1　2011—2018年林业投资完成额与中央财政资金

（二）中央财政林业补助政策概况

为贯彻落实2009年中央经济工作会议精神，2009—2010年，中央财政先后启动了森林抚育补助、造林补助、林木良种培育补助和森林保险保费补助（以下简称“四项林业补助”）试点工作。林业补助政策执行以来，有力地促进了国土绿化、提高了森林质量和林地生产力，加快了我国林木良种化进程，提高了抵御自然灾害的能力。林业补助额度稳定增长，从2011年的61.49亿元增长到了2018年的141.99亿元，年均增长12.70%。四项林业补助占中央财政比例存在波动，见表1.1、表1.2和图1.2。

表1.1　我国四项林业补助政策实施内容

补助类别	补助对象	补助标准	补助方式
森林抚育补助	国有林、集体和个人所有的公益林中的幼龄林和中龄林	每亩补助100元，其中对天然林资源保护工程区内的国有中幼林的抚育补助120元/亩	森林抚育试点方案批复后，拨付40%补助资金；省级林业主管部门核查验收后，再拨付60%
造林补助	在宜林荒山荒地、沙荒地、迹地、低产低效林地进行人工造林、更新和改造，面积不小于1亩的造林主体	直接费用补助标准为乔木林和木本油料经济林补助200元/亩，灌木林120元/亩，水果、木本药材等其他经济林100元/亩，新造竹林、基地人工更新100元/亩；间接费用补助标准为中央财政造林补助总额5%	直接费用分两次拨付：当年造林成活且经验收后拨付50%。完成造林任务3年后，经省级林业主管部门会同省级财政部门验收合格的拨付余下费用。间接费用在造林当年一次拨付
林木良种培育补助	①国家林业局认定的全国131处国家重点林业良种基地 ②试点省区国有育苗单位使用林木良种苗木	主要用于对因使用良种，采用组织培养、轻型基质、无纺布和穴盘容器育苗、幼化处理等先进技术培育的良种苗木所增加成本的补助（种子园、种质资源库600元/亩，采穗园300元/亩，母树林、试验林100元/亩。油茶、核桃、油橄榄每株平均补助0.5元，其他树种每株平均补助0.2元）	经省级林业主管部门组织验收合格后，对国有育苗单位拨付补助资金
森林保险保费补助	森林经营者对森林投保所需支付的保费进行的专项补助	公益林在地方财政至少补助40%的基础上，中央财政补助50%；商品林在省级财政至少补助25%的基础上，中央财政补助30%	对森林经营者缴纳的保费进行专项补助

表1.2　历年四项林业补助额度及所占比例

亿元，%

年份	合计	造林补助		森林抚育补助		林木良种培育补助		森林保险保费补助	
		额度	比例	额度	比例	额度	比例	额度	比例
2009	5.00	0	0	5.00	100.00	0	0	—	—
2010	25.15	3.15	12.52	20.00	79.52	2.00	7.95	—	—
2011	61.49	5.50	8.94	51.30	83.43	2.00	3.25	2.69	4.37
2012	93.62	25.35	27.08	56.76	60.63	4.48	4.79	7.03	7.51
2013	103.37	28.51	27.58	58.11	56.22	4.80	4.64	11.95	11.56
2014	103.92	28.34	27.27	58.11	55.92	4.80	4.62	12.67	12.19
2015	107.38	29.54	27.51	59.52	55.43	4.80	4.47	13.52	12.59
2016	107.65	29.51	27.41	59.26	55.05	4.80	4.46	14.08	13.08
2017	110.70	30.73	27.76	60.09	54.28	4.80	4.34	15.08	13.62
2018	141.99	46.83	32.98	74.13	52.21	5.02	3.54	16.01	11.28
总计	860.27	227.46	26.44	502.28	58.39	37.50	4.36	93.03	10.81

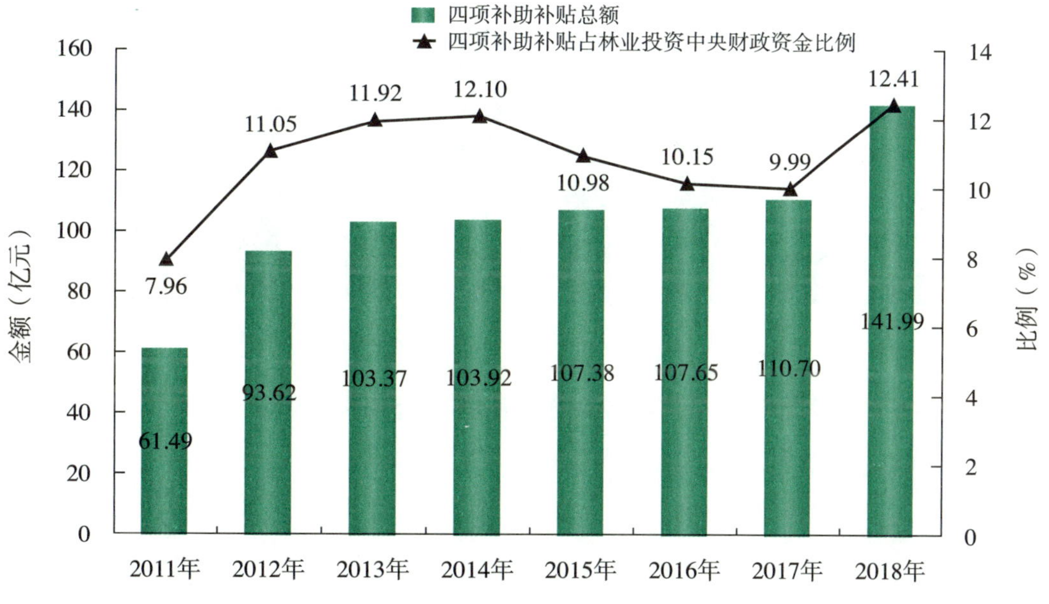

图1.2　2011—2018年四项林业补助占中央财政投资份额

从表1.1中历年四项林业补助变化情况来看，森林抚育补助占四项林业补助总额的比例最多，均超过50%，其中早期的2009—2012年所占比例均超过60%；造林补助占四项林业补助总额比例仅次于森林抚育补助，所占比例为27%～28%，其中2018年达到32.98%。两项补助占比超过80%，而林木良种培育补助和森林保险保费补助所占比例较小。说明中央财政投资重点主要用于造林抚育和森林质量精准提升等生态建设与保护项目。

1.造林补助

造林补助是对国有林场、农民和林业职工（含林区人员）、农民专业合作社等造林主体在宜林荒山荒地、沙荒地、迹地、低产低效林地进行人工造林、更新和改造，面积不小于1亩的给予适当的补助。

2010年，中央财政开展了造林补助试点工作。2012年，正式建立造林补助制度。2017年，造林补助被统筹到林业改革发展资金中森林资源培育支出范围内，不再明确补助标准。2018年，为推进资金整合，将林业贷款贴息补助并入造林补助统筹测算，推动地方探索实施先造后补、以奖代补、贷款贴息的方式，支持大规模国土绿化行动、长江经济带生态修复、国家储备林、森林质量精准提升等林业贷款贴息，具体贴息规模、贴息计算和拨付方式由省级财政部门会同林业和草原主管部门确定。2010—2018年，中央财政累计安排造林补助227.46亿元（图1.3）。

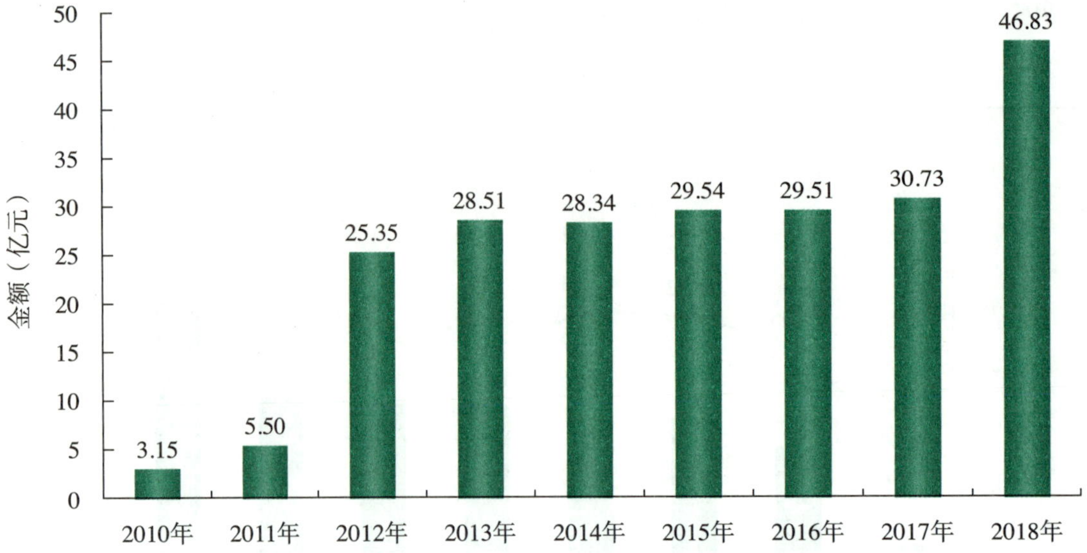

图1.3　2010—2018年中央财政造林补助情况

2.森林抚育补助

森林抚育补助是对承担森林抚育任务的国有森工企业、国有林场、林业职工、农民专业合作社和农民开展间伐、补植、退化林修复、割灌除草、清理运输采伐剩余物、修建简易作业道路等生产作业的所需劳务用工和机械燃油等给予适当的补助。森林抚育补助对象为国有林中的幼龄林和中龄林，集体和个人所有的公益林中的幼龄林和中龄林。

2009年，中央财政开展了森林抚育补助试点工作。2012年，正式建立森林抚育补助制度。2017年，森林抚育补助被统筹到林业改革发展资金中森林资源培育支出范围内。一级国家级公益林不纳入森林抚育补助范围，不再明确补助标准。2009—2018年，中央财政累计安排森林抚育补助共502.28亿元（图1.4）。

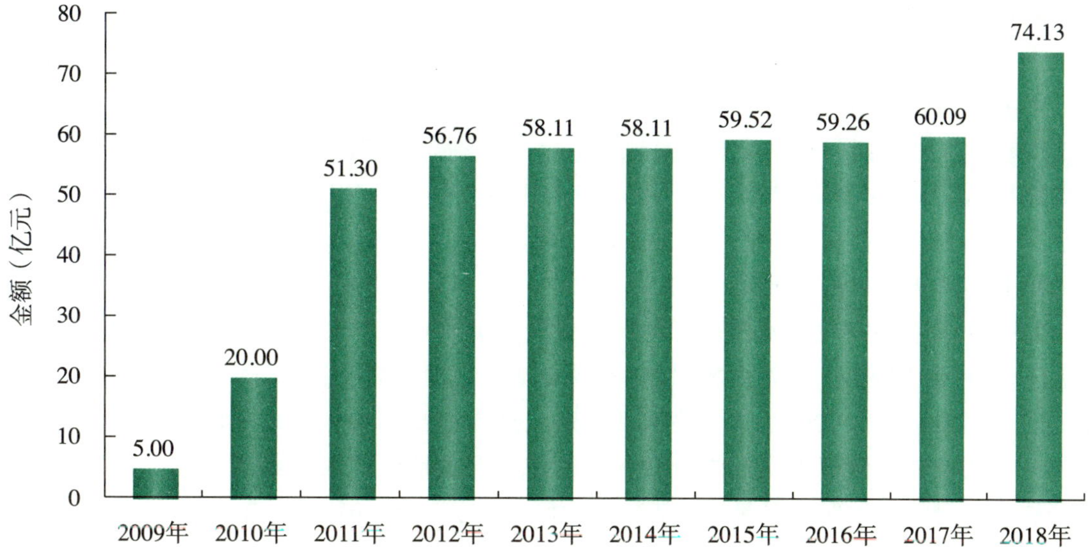

图1.4　2009—2018年中央财政森林抚育补助情况

3.林木良种培育补助

林木良种培育补助包括良种繁育补助和林木良种苗木培育补助。良种繁育补助主要用于对良种生产、采集、处理、检验、贮藏等方面的人工费、材料费、简易设施设备购置和维护费，以及调查设计、技术支撑、档案管理、人员培训等管理费用和必要的设备购置费用的补助。补助对象为国家重点林木良种基地和国家林木种质资源库。林木良种苗木培育补助主要用于对因使用良种，采用组织培养、轻型基质、无纺布和穴盘容器育苗、幼化处理等先进技术培育的良种苗木所增加成本的补助。补助对象为国有育苗单位。

2010年，中央财政开展了林木良种培育补助试点工作。2012年，正式建立林木良种培育补助制度。2017年，林木良种培育补助统筹为林业改革发展资金中森林资源培育支出范围内，不再明确补助标准。2010—2018年，中央财政累计安排林木良种培育补助37.50亿元（图1.5）。

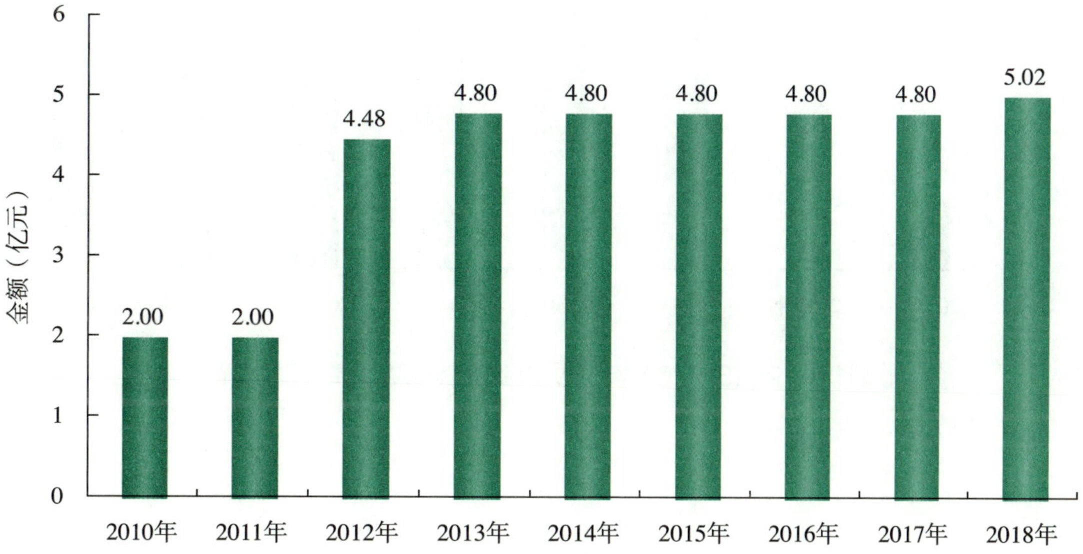

图1.5　2010—2018年中央财政林木良种培育补助情况

4.森林保险保费补助

中央财政森林保险保费补助是指中央财政对森林经营者对森林投保所需支付保费的补助。《关于2013年度中央财政农业保险保费补助有关事项的通知》（财金〔2013〕73号）规定，森林保险包括公益林保险和商品林保险，在公益林保险方面，在地方财政至少补助40%的基础上，中央财政补助比例为50%，对大兴安岭林业集团公司的补助比例为90%；商品林保险方面，在省级财政至少补助25%的基础上，中央财政补助比例为30%，对大兴安岭林业集团公司的补助比例为55%。

2009年，中央财政开始推行森林保险保费补助试点工作。2013年，国家林业局发布《关于做好2013年森林保险保费补助工作的通知》，提出除了已完成集体林权制度改革任务的省份可申请中央财政森林保险保费补助之外，当年未纳入中央补助的省份和重点国有林区均需开展保险试点，标志着森林保险保费补助地区扩大至全国。截至2018年，全国开展中央财政森林保险保费补助工作的地区和单位包括24个省（自治区、直辖市）、4个计划单列市、4家森工集团，共32个实施地区和单位。截至2018年年底，仅有天津、黑龙江、上海、江苏、西藏、宁夏、新疆（含新疆生产建设兵团）等7个省（自治区、直辖市）和龙江森工集团未纳入保费补助范围。2011—2018年，中央财政累计拨付森林保险保费补助93.03亿元[①]。从总体上看，公益林依然占据森林保险主要市场，且与商品林保额的差距逐渐拉大。从2018年结构上看，公益林保险保额占森林保险总保额的76.12%，商品林保险保额占比23.88%（图1.6）。

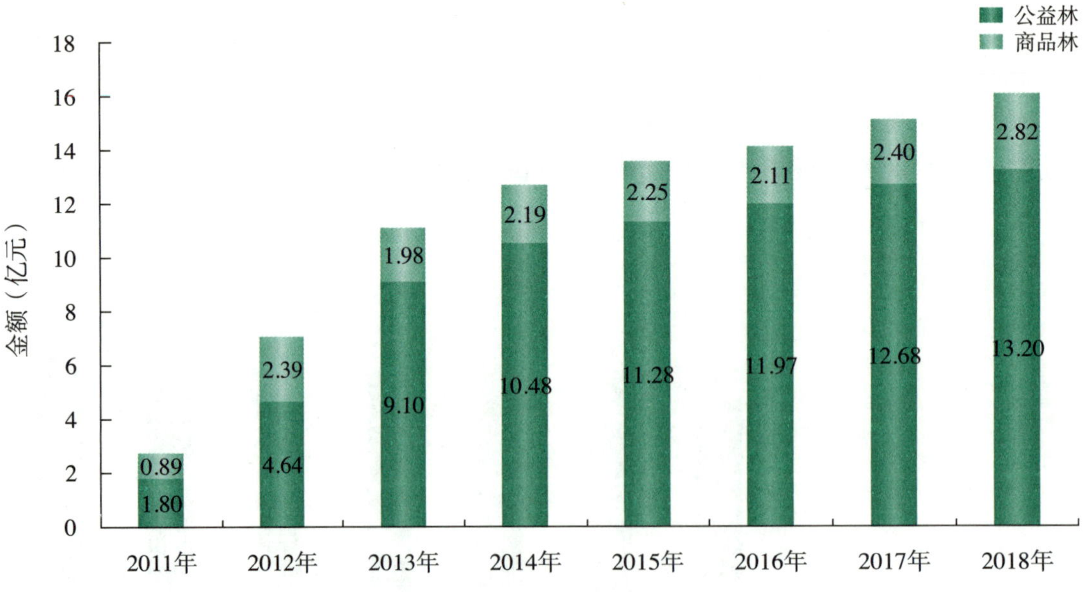

图1.6 2013—2018年中央财政森林保险保费补助情况

① 因数据不完整，2013年数据未包含贵州省。

5.其他林业补助

除了以上的四项林业补助外，我国林业补助还有天然林保护管理补助、森林生态效益补偿补助、湿地保护与恢复补助、退耕还湿补助和湿地生态效益补偿补助、退耕还林补助、林业国家级自然保护区补助、国有林场改革补助等。具体内容见表1.3。

表1.3　我国林业主要财政补助政策实施内容

补贴类别	补贴对象	补贴标准	补贴方式
天然林保护管理补助	包括天保工程区管护补助和天然林停伐管护补助 天保工程区管护补助是指天然林资源保护工程二期实施方案确定的国有林管护、集体和个人所有的地方公益林管护所发生的支出。国有林管护重点保障森林管护人员的工资性支出 天然林停伐管护补助是指全面停止天然商品林采伐后安排的管护支出	中央财政林业发展改革资金	市财政局按照资金用途将资金分解到各区林业局、林场、各乡镇街道办
森林生态效益补偿补助	包括管护补助支出和公共管护支出 是指用于原国家林业局会同财政部界定的国家级公益林保护和管理的支出	中央财政林业发展改革资金	用于国有林场、国有苗圃、自然保护区、森工企业等国有单位管护国家级公益林的劳务补助等支出。以及用于集体和个人的经济补偿和管护国家级公益林的劳务补助等支出。公共管护支出用于地方各级林业主管部门开展国家级公益林监督检查和评价等方面的支出
湿地保护与恢复补助	用于林业系统管理的国际重要湿地、国家重要湿地以及生态区位重要的国家湿地公园、省级以上（含省级）湿地自然保护区开展湿地保护与恢复的相关支出	中央财政下拨，由县林业和草原局招标实施湿地保护与恢复项目	监测监控设施维护和设备购置支出、退化湿地恢复支出和湿地所在保护管理机构聘用临时管护人员所需的劳务补助等支出
退耕还湿补助和湿地生态效益补偿补助	用于林业系统管理的国际重要湿地、国家级湿地自然保护区、国家重要湿地范围内的省级自然保护区实施退耕还湿的相关支出。湿地生态效益补偿补助是指用于对候鸟迁飞路线上的林业系统管理的重要湿地因鸟类等野生动物保护造成损失给予的补偿支出	由中央财政下拨资金，省级财政部门、林业主管部门和承担试点任务县级人民政府及实施单位明确责任	湿地项目工程建设
退耕还林补助	水土流失严重和产量低而不稳的坡耕地和沙化耕地	国家按退耕还林每亩补助1600元（其中中央财政专项资金安排现金补助1200元、国家发展改革委安排种苗造林费400元）	补贴资金发放是由县级环林局会通过“一折通”（存折）方式兑现给农户手中 退耕还林补助资金分3次下达给省级人民政府，每亩第一年900元（其中种苗造林费400元）、第三年300元、第五年400元
林业国家级自然保护区补助	用于林业系统管理的国家级自然保护区的生态保护、修复与治理，特种救护、保护设施设备购置和维护，专项调查和监测，宣传教育，以及保护管理机构聘用临时管护人员所需的劳务补助等支出	地方投入为主，中央财政适当补助	财政部根据各省资金申请和国家林业局提出的全国保护区年度任务计划和资金分配建议方案，确定各省补助资金数额，确保专款专用
国有林场改革补助	中央财政安排的补助资金补缴国有林场拖欠的职工基本养老保险和基本医疗保险费用有结余的，可用于林场缴纳职工基本养老和基本医疗等社会保险以及其他与改革相关的支出	国有林场改革补助为一次性补助支出，中央财政按照每名职工（包括在职职工和离退休职工）2万元、每亩林地1.15元的标准测算补助，各省可根据本地实际情况确定补助标准	由中央财政下拨补助资金。各区县林业和财政部门要严格按照《林业改革发展资金管理办法》及资金用途，认真编制《2018年中央财政国有林场改革补助资金使用方案》，严格资金用途

（三）四项林业补助政策效益监测概况

为有效跟踪林业补助政策执行情况，国家林业和草原局经济发展研究中心（以下简称“经研中心”）依托东北林业大学、浙江农林大学、四川农业大学、贵州大学、辽宁生态工程职业学院、中国林业科学研究院林业科技信息研究所等6家单位，建立了林业补助政策效益监测与评价工作组，监测范围涉及辽宁、黑龙江、浙江、四川、贵州、龙江森工集团，形成了样本县（森工局）、村（林场）和林农（林业职工）三级监测网络。监测内容涵盖地方经济、家庭收入、政策执行情况以及政策效果等。监测范围从地域上涵盖了南方和北方、东部和西部，从政策对象上涵盖了集体林、国有林场和国有林区。具体来看，对享受林业补助政策的集体林区选择辽宁、四川、浙江、贵州4个省作为监测省，共涉及10个样本县，累计获得农户问卷3259份；对享受林业补助政策的国有林场选择辽宁、四川、浙江3个省作为监测省，共涉及10个林场，累计获得林场职工问卷719份；对享受林业补助政策的国有林区选择黑龙江作为监测省，累计获得职工问卷1361份。集体林、国有林场和国有林区的林业补助政策监测样本分布详见表1.4至表1.6。

表1.4 集体林监测点样本选择分布情况

年份	辽宁			四川			浙江			贵州		
	样本县（市）	村（个）	林农（户）	样本县（市）	村（个）	林农（户）	样本县（市）	村（个）	林农（户）	样本县（市）	村（个）	林农（户）
2013	庄河、桓仁	7	180	南江、冕宁	10	175	开化、建德	8	257			
2014	庄河、桓仁	7	180	南江、冕宁	10	178	开化、建德	8	156			
2015	庄河、桓仁	9	180	南江、冕宁	8	182	开化、建德	10	183			
2016	朝阳、桓仁	11	180	南江、冕宁	10	190	开化、建德	12	248	威宁	5	173
2017	朝阳、桓仁	28	180	南江、汉源	10	193	开化、建德	11	245	威宁、关岭	7	179
2018	朝阳、桓仁	14	180	南江、汉源	7	188	开化、建德	12	253	威宁		209

表1.5 国有林场样本分布情况

年份	辽宁		四川		浙江	
	林场	职工（人）	林场	职工（人）	林场	职工（人）
2013	辽宁省实验林场、辽宁省生态实验林场	60	洪雅林场、道孚林业局	61	开化林场、建德林场	48
2014	辽宁省实验林场、辽宁省生态实验林场	60	洪雅林场、道孚林业局	61	开化林场、建德林场	50
2015	辽宁省实验林场、辽宁省生态实验林场	50	洪雅林场、天全分局	60	开化林场	24

（续）

年份	辽宁		四川		浙江	
	林场	职工（人）	林场	职工（人）	林场	职工（人）
2016	辽宁林业职业技术学院实验林场、辽宁省生态实验林场	50	洪雅林场、威远林场	61	开化林场	25
2017	辽宁林业职业技术学院实验林场、辽宁省生态实验林场	50	洪雅林场、开江林场	61	开化林场	25
2018	辽宁林业职业技术学院实验林场、辽宁省生态实验林场	50	洪雅林场、开江林场	60	开化林场	25

表1.6　黑龙江省国有林区样本分布情况

年份	重点国有林区	地方国有林区	户数（户）
2013	五营林业局、鹤北林业局	逊克、通河	202
2014	五营林业局、鹤北林业局	逊克、通河	223
2015	五营林业局、鹤北林业局	逊克、通河	229
2016	五营林业局、鹤北林业局	逊克、通河	236
2017	五营林业局、鹤北林业局、鹤立林业局、汤旺河林业局、新青林业局	逊克、通河	228
2018	五营林业局、鹤北林业局、柴河林业局、清河林业局、通北林业局	逊克、通河	243

二、样本省林业补助政策执行情况

从监测的5个样本省来看，2013—2018年中央财政四项林业补助累计下达143.05亿元，占全国四项林业补助总额的21.19%。从5个样本省之间比较看，造林补助浙江较少，仅为其他4省的1/8～1/4。森林抚育补助相差较大，其中最多的是黑龙江省，远高于其他4省，天然林全面停止商业性采伐后，重点国有林区森工企业失去了木材采伐收入，而中央财政森林抚育补助经费已经成为重点国有林区各林业局职工工资支出的重要来源。林木良种培育补助与其他3种补助相比，相差不大。森林保险保费补助除了黑龙江省和龙江森工集团没有开展中央财政森林保险保费补贴工作外，浙江省森林保险保费补贴最少（表1.7）。

（一）辽宁省林业补助政策执行情况

辽宁省是最早开展林业补助政策试点的省份，先后被确定为造林补助试点（2010年）、森林抚育补助试点（2009年）、林木良种培育补助试点（2012年）和国家森林保险试点（2010年）。近年来，辽宁省各项补助实施总体情况见表1.8。

表1.7 2013—2018年样本省四项林业补助累计下达经费

万元

省份	造林补助	森林抚育补助	林木良种培育补助	森林保险保费补助	合计
辽宁	86244	55282	12070	30252	183848
四川	94975	132376	10595	23808	261754
浙江	12725	36300	7732	1046	57803
贵州	84596	61728	11060	34876	192260
黑龙江	52250	667260	15327	0	734837
合计	330790	952946	56784	89982	1430502

表1.8 2013—2018年辽宁省四项林业补助资金额度

万元

年份	林木良种补助	造林补助	森林抚育补助	森林保险保费补助
2013	1970	12495	9000	5595
2014	2075	12605	9000	5079
2015	2075	13502	9000	6221
2016	2075	13842	9000	6026
2017	1975	13800	9000	7331
2018	1900	20000	10282	3692

1.造林补助

辽宁省造林补助分为直接补助和间接补助。直接补助是对造林主体造林所需费用的补助，标准为宜林荒山荒地人工营造乔木林和核桃、板栗等木本油料经济林补助3000元/公顷，人工营造灌木林补助1800元/公顷，人工营造水果、木本药材等其他经济林补助1500元/公顷；采伐迹地更新补助1500元/公顷，退化林分修复补助3000元/公顷。间接费用补助是对试点单位组织开展造林补助试点有关政策宣传、作业设计、技术指导、检查验收、档案管理等工作所需费用的补助，补助标准为造林补助总额的5%。2016—2018年，全省补助面积26.92万公顷。

2.森林抚育补助

2013—2017年，辽宁省中央财政森林抚育任务量为6万公顷/年，补助资金9000万元/年。2018年辽宁省森林抚育补助总额增加至10282万元/年。自2016年开始，取消间接支出，各营林主体兑现100%。2016—2018年，全省累计补助面积18万公顷。

3.林木良种培育补助

2015年，辽宁省财政厅和辽宁省林业厅印发了《关于印发辽宁省林业补助资金和项目管理实施细则的通知》（辽财农〔2015〕41号），明确了辽宁省财政支持的林木良种繁育补助内容和标准（与中央财政补助标准相同）。

4.森林保险保费补助

首先在森林保险意愿较强的沈阳、鞍山、抚顺、本溪、丹东、朝阳6个市和部分省直林场进行试点，后逐步扩大覆盖面。2016—2018年，全省森林保险参保面积累计达1034.81万公顷。

（二）黑龙江省林业补助政策执行情况

黑龙江省国有林区是我国面积最大、国有林最集中、生态地位最重要的森林生态功能区。黑龙江省国有林区由黑龙江省森工总局、黑龙江省林业厅、黑龙江省大兴安岭林管局来管辖。黑龙江省作为一个拥有全国最大国有林区的森林资源大省，近年来正经历着由木材生产基地向生态功能区的转型，木材大幅减产（其中由黑龙江省森工总局所辖的森工林区已于2014年宣布全面停止天然林商业性主伐生产）要求国有林区的经济发展模式也要做相应的转型。目前在黑龙江省已经落实了其中的造林补助、森林抚育补助和林木良种培育补助政策（表1.9）。

表1.9 2013—2018年黑龙江省四项林业补助资金额度 万元

年份	林木良种补助	造林补助	森林抚育补助	森林保险保费补助
2013	2587	13225	105760	0
2014	2590	13375	105760	0
2015	2590	9329	110760	0
2016	2580	2621	110040	0
2017	2580	2700	114500	0
2018	2400	11000	120440	0

黑龙江省重点国有林区的中央财政林业补助项目自2009年启动，截至2018年年底，森林抚育补助项目累计完成抚育面积6334万亩，累计获得补助资金75.31亿元，2009年和2010年的补助标准为100元/亩，2011—2018年的补助标准为120元/亩。

黑龙江省地方国有林区的中央财政林业补助项目自2010年启动，截至2015年年底，森林抚育补助项目累计完成抚育面积820万亩，累计获得补助资金8.2亿元，历年的补助标准均为100元/亩；造林补助项目累计完成造林面积235万亩，累计获得补助资金3.56亿元。补助标准如下：人工造乔木林（含核桃木本油料树种）每亩补助200元，灌木林每亩补助120元，木本粮油经济林每亩补助160元，水果、木本药材等其他经济林每亩补助100元；迹地人工更新每亩补助100元。除2012年财政部、国家林业局联合发文《中央财政林业补助资金管理办法》中去除了木本粮油经济林每亩补助160元一项外，补助标准基本没变。

（三）浙江省林业补助政策执行情况

浙江省凭借着相对雄厚的财政资金，在中央补助基础上给予省级财政配套，确保林业补助项目顺利实施。近年来浙江省各项补助实施总体情况见表1.10。

表1.10　2013—2018年浙江省四项林业补助资金额度

万元

年份	林木良种补助	造林补助	森林抚育补助	森林保险保费补助
2013	1240	3399	10300	199
2014	1315	2461	10000	193
2015	1315	2265	5000	304
2016	1167	500	4000	254
2017	1515	600	4000	93
2018	1180	3500	3000	1393

1.造林补助

根据《浙江省造林补助试点资金和项目管理暂行办法》的规定，省以上财政补助标准；造林直接补助标准：①人工荒山造林：乔木林和木本油料经济林每公顷补助3000元，灌木林每公顷补助1800元，木本药材、水果等其他经济林每公顷补助1500元，新造竹林每公顷补助1500元。②迹地人工更新：每公顷补助1500元。造林间接费用补助标准为中央财政造林补助总额的5%。造林补助分两次发放，第一次发放70%，验收之后发放30%。

2.森林抚育补助

根据浙江省财政厅、浙江省林业厅《关于浙江省财政林业补助资金与项目管理办法的通知》（浙财农〔2013〕216号），中央森林抚育的补助标准为平均1500元/公顷，中央和省共同抚育补助标准为平均3000元/公顷。中央和省共同抚育的，具体区分不同抚育类型执行相应的直接费用补助标准。森林抚育补助分两次拨付。在省复批森林抚育实施方案后，省财政拨付70%补助资金，省林业厅组织省级核查验收合格后，省财政再拨付30%森林抚育补助资金。

3.林木良种培育补助

根据《关于浙江省财政林业补助资金与项目管理办法的通知》，林木良种基地补助标准：种子园、种质资源库补助9000元/公顷，采穗圃补助4500元/公顷，母树林、试验林补助1500元/公顷。林木良种苗木培育补助标准：油茶良种苗木平均补助0.5元/株；省调控珍贵树种容器苗：一年生容器小苗平均补助1元/株、多年生大苗平均补助7.5元/株；其他良种苗木平均补助0.2元/株。

4.森林保险保费补助

2010年之前，浙江省森林保险保费主要由省、县两级财政补贴。2010年起，经财政部批准，浙江省被正式列入中央财政森林保险保费补助试点省份之一，保费补助比例为商品林保险30%、公益林保险50%。

（四）四川省林业补助政策执行情况

四川是我国林业补助政策重要的试点地区。目前四川省已开展试点的林业补助政策项目包括有造林补助、森林抚育补助、苗木良种补助、森林保险保费补助、退耕还林补助、天然

表1.11 2013—2018年四川省四项林业补助资金额度

万元

年份	林木良种补助	造林补助	森林抚育补助	森林保险保费补助
2013	1975	13225	19836	1335
2014	1730	12875	19836	5242
2015	1730	12875	19768	5207
2016	1630	18000	18436	4656
2017	1530	17000	18500	4079
2018	2000	21000	36000	8139

林保护工程补助、公益林生态效益补偿等。近年来四川省各项补助实施总体情况见表1.11。

1.造林补助

2012年造林补助实施造林面积41万亩，落实中央资金8600万元，覆盖全省82个县（市、区）。截至2018年年底，造林补助实施造林面积100.8万亩，比2012年增长145.9%，落实中央资金21000万元，比2012年增长144.19%，覆盖全省117个县（市、区），实现了造林补助面积与补助金额的双增长。

2.森林抚育补助

2012年落实中央补助资金19836万元，抚育面积175.3万亩，涉及120个县（市、区，森工局）和其中乡镇；2018年落实中央补助资金20970万元，比2012年增长5.71%，抚育面积174.75万亩，森林抚育面积比2012年略有下降。

3.苗木良种补助

2012年国家重点林木良种基地补助资金1430万元，涉及10个林木良种基地；良种苗木补助约12605.02万亩，涉及14个苗圃。2018年中央财政林木良种培育补助资金2030万元，其中，国家重点林木良种基地补助604万元，良种苗木补助1096万元，与2012年相比，良种苗木补助金额有所提高。

4.森林保险保费补助

2012年森林保险投保林地面积3.17亿亩，总保险金额1775.16亿元，保险费总额1.31亿元，参保农户942.09余万户。2018年森林保险投保林地面积2.44亿亩，总保险金额1161.21亿元，保险费总额1.84亿元，参保农户247.85余万户，相较于2012年森林保险投保林地面积下跌23.03%，但保险费总额呈上浮趋势，为40.46%。农户的森林保险参与度下降较为严重，流失73.69%的参保农户。

（五）贵州省林业补助政策执行情况

贵州省属于典型的喀斯特地貌，在实施林业补助政策时，在多类型林业补助中，贵州省主要以退耕还林（草）补助和天然林保护工程补助为主，为西部大开发战略实施和加快“两江”上游生态屏障建设提供了有力的资金保障。近年来贵州省各项补助实施总体情况见表1.12。

表1.12 2013—2018年贵州省四项林业补助资金额度

万元

年份	林木良种补助	造林补助	森林抚育补助	森林保险保费补助
2013	1240	3399	10300	199
2014	1315	2461	10000	193
2015	1315	2265	5000	304
2016	1167	500	4000	254
2017	1515	600	4000	93
2018	1180	3500	3000	1393

1.造林补助

贵州省造林补助有荒山造林和低产林改造两种形式。其中荒山造林补助标准为500元/亩，低产林改造补助为200元/亩，油茶林改造补助标准为300元/亩（其中：中央财政造林补助资金200元/亩，省级植被恢复费配套100元/亩）。

2.森林抚育补助

森林抚育补助申报遵循“相对集中、促进就业、自愿和公开”原则，补助标准为100元/亩，补助对象为国有、集体和个人中的幼龄林和中龄林，一级国家公益林不纳入森林抚育范围。贵州省经济林、竹林按森林抚育实施细则（试行）规定的树种（油茶、刺梨、核桃、板栗、笋用竹）作为抚育补助对象。2018年贵州省财政安排林业改革发展资金48648万元用于森林培育和森林资源管理方面的支出，2019年安排了120369万元。

3.林木良种补助

林木良种补助有良种繁育补助和良种苗木培育补助两种形式。良种繁育补助的对象为贵州省8个国家重点林木良种基地和3处国家林木种质资源库。按基地规模进行补助，测算标准为种子园、种质资源收集区每亩补助600元，采穗圃、母树林每亩补助300元，试验林每亩补助100元。良种苗木培育补助的对象是全省国有育苗单位，且应具有与完成育苗任务相适应的设施、场地和人员，严格执行种苗标签、自检及档案等制度。对已开展育苗的优先安排补助。补助标准是：生产杉木、马尾松、华山松、刺梨等良种苗木的，每株合格苗补助0.2元；生产核桃、油茶等嫁接良种苗木的，每株合格苗补助0.5元。

4.森林保险保护补助

贵州省森林保险保护补贴保险期限为一年一保，保险金额为每亩为500～1000元，林木火灾保险费率不超过2‰，保费每亩1～2元；综合险保险费率不超过3‰，保费每亩1.5～3元。公益林保费中央补贴50%、省级补贴30%、市级补贴6%、县级补贴14%；商品林保费中央补贴30%、省级补贴25%、市级补贴7.5%、县级补贴17.5%、投保人承担20%（每年每亩不超过6元）。

三、四项林业补助政策执行成效

（一）集体林林业补助政策执行成效

集体林指山林权属于集体所有的森林。集体林是我国特殊的森林产权形式，约占全国林地总面积60%。2003年以后，为贯彻落实中共中央、国务院《关于加快林业发展的决定》提出的进一步完善林业产权制度的重要任务，福建、江西、浙江、辽宁等省先行开始了新一轮集体林权制度改革。2008年，中共中央、国务院下发了《关于全面推进集体林权制度改革的意见》（中发〔2008〕10号），标志着集体林权制度改革在全国范围全面展开。2016年，国务院办公厅印发《关于完善集体林权制度的意见》（国办发〔2016〕83号）。2018年，国家林业和草原局发布《关于进一步放活集体林经营权的意见》（林改发〔2018〕47号）。集体林权制度改革的核心内容是，在坚持集体林地所有权不变的前提下，依法将林地承包经营权和林木所有权，通过家庭承包的方式落实到本集体经济组织的农户，确立农民作为林地承包经营权人的主体地位。鼓励各种社会主体依法依规通过转包、租赁、转让、入股、合作等形式参与流转林权，引导社会资本发展参与林业经营。

1.森林资源数量增加，质量提高

通过林权制度改革，林农拥有森林经营权，但是集体林的林分质量参差不齐，且林地面积较小、地块较为分散，不利于集约化经营，成本较高，效率较低。中央财政以资金补助、补偿方式支持林业经营，很大程度上填补了经营主体前期经营投入，保证林农从事林业生产的最低收入，有助于提高林分质量，确保森林资源能够发挥出最大效益。

四川省调查显示，样本县南江县2013—2018年造林面积总体上呈逐年上升趋势，5年累计造林24286公顷，森林覆盖率从2013年的66.5%增长到2018年的70%。辽宁省调查显示，林农经营山林面积比未实施林业补助的2009年有所增加。与2009年相比，2016年山林经营面积增加16.4公顷，2017年增加58.8公顷，2018年增加19.7公顷，荒山荒地被大面积造林，被遗弃的森林又重新被经营起来，林业补助政策的实施，使森林面积得到切实提高，森林质量得到有效提升。贵州省调查显示，实施林业补贴政策，大大提高了林农营林积极性，农村地区林地面积增加，大部分农户将山坡上的耕地改种为生态林或经济林，森林数量与质量以及生态环境显著改善。自2013年获得林业补助后，森林面积增幅逐步加大，河流水质得到改善，石漠化面积减少，水土流失治理面积增加。截至2018年年底，贵州省森林面积达到了1004.16万公顷，满足规定水质类别的断面占总监测断面百分比97.40%，水土流失治理面积7052.95千公顷。

2.促进林农增收，激发生产积极性

林业补助政策的实施为林农带来了切实优惠，提高了其林业收入，并改善了林农生产条件，进一步激励了林农生产经营的积极性。营林投入意愿调查显示林业补助在提高林业收入、促进林业生产方面发挥了积极作用。

四川省调查显示，样本县南江县2012—2018年林农收入整体呈现出增长趋势，2016—2017年林农收入增长最明显，增幅达到29370.39元。

浙江省调研显示，2016—2018年建德和开化两县（市）林业补助户的林业收入均高于非补助户，同时差距有扩大的趋势，其中2018年建德林业补助户的平均林业总收入达到1万元，是非补助户的5倍；开化林业补助户的平均林业总收入为1.8万元，是非林业补助户2倍。

林业补助政策在提高农户营林积极性上有较强的激励作用，补助户愿意投入更多的资金在农林生产中。根据浙江省样本农户林业补助支出占比最大的是林业生产投入，2014年最多，达到96%；其次作为生活开支消费，该项占比2016年最高，为17%；大约5%以下的农户将补助投入到农业生产，2018年最高，为8%。

辽宁省调查显示，林业补贴资金发放后，农户对资金的处理方式主要为林业投入，2016年、2017年、2018年分别有68%、94%和84%的农户将林业补助款再次投入到林业生产中，补助户认为如果不享受林业补助政策，营林面积和营林投入均会有一定程度的减少，减少幅度在41%～60%区间的农户数最多；而对于非补助户如果享受林业补助政策，营林面积和营林投入均会增加，增加范围在1%～20%区间的农户数最多。

3.提高林农对林业政策的了解度和满意度

林农对林业补助政策的了解程度和满意程度直接影响到林农参与的积极性。调查显示，辽宁省绝大多数营林主体对补助政策具有一定的了解，包括林业补助种类、金额、支持主体、拨付方式等，但是也有部分林农由于自身经营习惯、认知能力、政策宣传覆盖面等原因，造成对林业补助政策知之甚少。

四川调查显示，林业补助的政策认知偏差逐渐修正，受访农户对林业补助了解与基本了解所占比例从2013年的51.50%提高到了2018年的95.15%，同时林业补助项目也提高了林农对社会的信任度和农户村庄治理参与度，凸显了林业补助的正外部性和社会效益。

贵州省调查显示，2019年受访农户对林业政策表示满意的占52.69%、表示一般的占51.54%、表示不满意的占6.59%，分别比2017年增长了9.61%、减少了10.82%、增加了1.21%，说明近年来林业政策逐年完善，受访农户从中得到了实惠。从样本县威宁的监测情况看，89.19%的补助户认为林业补助政策对经营山林积极性有促进作用，可见大部分受访农户对林业补助政策的执行效果比较满意。

（二）国有林林业补助政策执行成效

国有林是指山林权属于国家所有，即全民所有的森林，约占全国林地总面积40%，包括国有林场和国有林区。国有林场是国家培育和保护森林资源的林业生产性的事业单位，在20世纪90年代以前叫国营林场。国有林区是新中国成立之初为了生产木材和管理森林，分别在东北、内蒙古、西南、西北森林资源丰富的地区建立的国有林业局，以这些国有林业局为主体形成了国有林区。2015年，中共中央、国务院印发了《国有林场改革方案》和《国有林区改革指导意见》，推进政事企分开，进而推动国有林发展模式由木材生产为主转变为生态修复和建设为主，由利用森林获取经济利益为主转变为保护森林提供生态服务为主，为建设生态文明和美丽中国、实现中华民族永续发展提供生态保障。

1.强化了森林资源保护管理

林业补助政策的实施，推动了国有林场提高森林资源管理水平，促进了森林质量的提升。在开展林业补助政策支持的造林和森林抚育作业前，须编制作业设计，报省级部门审批后方可实施，检查验收技术人员须经过培训。此外，在森林抚育作业过程中，国有林场加大了监管力度，尤其是在严格作业设计、加强审批管理、打击乱砍滥伐行为等方面，也使得森林资源得到有效的保护。

浙江省调查显示，2013—2018年样本林场都有组织抚育或造林作业的培训，大多数职工都参加了培训（2016年占72%；2017年占76%；2018年占60%）。在森林抚育和造林作业过程中，国有林场会有技术跟班作业，在作业结束后有验收检查，以保证作业质量，大部分林场职工都表示林场能认真进行跟班作业（2016年占95%；2017年占50%；2018年占75.0%）。2018年有72%的职工表示参加抚育或造林项目地块均有检查验收，样本林场验收工作到位。

辽宁省调查显示，绝大多数职工（2016年占92%；2017年占96%；2018年占88%）认为林业补助政策的实施对提升林场的管理水平有着积极的促进作用，提高了工作效率，缩短了林业生产工期，实现了降低营林成本的目的。

黑龙江省调查显示，重点国有林区自2009年实施森林抚育补助以来，按技术规程保留了森林抚育作业样地和未实施森林抚育作业的对照样地。从不同林分抚育3年后蓄积量增长率来看，作业区的蓄积量增长率高于对照区0.5%～13.5%，平均高于对照区6.2%。从综合抚育采伐量和3年间林木蓄积量增长量来看，作业区蓄积量增量高于对照区1.07～1.87倍，平均高于对照区1.18倍。以黑龙江鹤北林业局为例，2018年活立木蓄积量4073.0万立方米，是2013年的1.13倍，年均增长2.1%。

2.保障了森工企业运营与职工工资支出

2015年国有林区改革和全面停止商业性采伐后，重点国有林区森工企业失去了主要收入，天保工程中的森林管护费（相当于地方国有林区的森林生态效益补助资金）、造林补助资金、森林抚育补助资金是其收入的重要来源，支撑了森工企业生产经营运转和职工工资的发放。全面停止天然林商业性采伐后产生了大量富余人员，森工企业将社会职能移交给地方政府后也产生了大量富余人员，再加上以前产生的下岗人员，有大量富余人员需要安置，林业补助政策解决了一部分职工的就业问题，让这些人有工作可做，稳定其“失业”的沮丧情绪，对林区社会稳定有突出作用。

黑龙江省调查显示，2018年鹤北林业局参与森林抚育补助的职工占其在岗职工人数的78.9%，中央财政森林抚育补助经费占其职工工资支出的22.2%。2018年五营林业局参与森林抚育补助的职工占其在岗职工人数的13.0%，中央财政森林抚育补助经费占其职工工资支出的7.9%。森工企业职工期待林业补助政策能够长期实施，并能给更多的职工带来就业岗位。从林业职工对林业补助政策需求的调查表明，职工的主要需求就是林业补助政策能够长期执行，每年都有任务，政策组织公平合理，所有职工都能参加。

3.保证了营林投入持续稳定

林业补助政策实施后，大部分职工增加了林业方面的投入，用来购买林业生产所需的化肥、农药和种苗等，保持营林投入的稳定，提高森林经营质量。根据浙江省国有林场调研，2014—2018年基本保持稳定，林场职工表示林业投入比2013年有大幅度上升；有小部分职工表示林业投入有减少或者不变，2018年4.1%的林场职工表示林业投入减少，相比2017年和2016年分别下降了0.2%和8.9%，25%的林场职工基本没有改变投入情况，相比2017年和2016年分别上升了7.7%和20.6%。这可能与林业的投入特点有关，不需要每年大强度投入，集中在初始阶段，成林后投入相对会少一些。

四川省调查显示，2017年洪雅林场完成改制后，其旅游、苗木和木材等经营业务，全部由林场转移到具有国有企业性质的洪雅县玉屏林产资源开发有限责任公司，林场将不再参与经营项目，完全转变为公益服务类事业单位，林业补助对产业转型后的国有林场具有重要支撑作用。四川省洪雅林场、浙江省开化林场抚育队伍组织创新，实行林场职工自己组织形成技术指导队的模式，吸纳当地农牧民签约合同完成抚育工作，林业补助政策经济效益发生的同时，也产生了增加农村就业的社会效益。

4.提高了职工政策了解度和满意度

通过林业补助政策，增加了林场职工对包括林业补助政策在内的相关林业政策的了解，提高了林场职工工作的积极性。浙江省调研发现，与往年相比，林业政策的宣传力度得到了加强，林业补助政策在浙江省已实施了相当长的一段时间，调研数据显示大部分职工了解或基本了解林业补助政策，但也有部分职工表示对林业补助政策不了解，主要因为“没有公告或通知”，他们认为补助资金发放对他们而言是最实际的政策激励，而对具体政策则并不关心，但总体不了解比例在下降。

四川省调查显示，了解政策的职工占比从2013年的14.75%提高到了2018年的60%，不了解政策的职工占比从2013的16.39%下降到2018的10%，经过7年的林业补助政策实施，林场职工对林业补助政策认识度逐渐提高，林场职工参与政策实施也更加积极。

四、政策执行存在的问题与建议

（一）存在的问题

1.林业补助标准低

随着社会经济的发展和生活水平的提高，劳动力价格越来越高。现行中央财政补助资金标准已实施多年，造林补助和森林抚育补助标准依旧保持在100～200元/亩之间。以造林为例，不同环境下造林成本也有所不同，据调查，一般立地条件为每亩600～800元，“三难地（即钙质岩、紫色页岩、石灰岩地区）”每亩在2000元左右。相比之下，目前的造林补助标准仅为一般立地条件下造林成本的10%～25%，补助标准明显偏低，对造林活动的促进作用不明显。从财政补助额度来看，国家对林业的总体补助水平仍然较低。林农经营林业虽然有经济利益，但实现了更大的社会效益，受益的是全社会。林业生产与农业生产相比，存在投资大、周期长、风险大、见效慢、回报低等特点，但目前国家对农业的财政补助额度远远大于林业。据统计，在2009—2015年间，每年中央财政对森林抚育、造林、林木良种和森林保险四项补助的总金额尚未超过粮食直补、农资综合、良种补贴、农机购置、农业保险补贴五项财政补贴中任何一项的年补助额度。这种情况既影响到林农的收入增加，也影响到林农造林、护林的积极性，进而影响国家生态安全。根据浙江省调研数据，2017年有89.4%的职工认为提高标准是推进林业补助的主要措施。四川省2017年统计数据显示，49.2%的林场职工认为提高标准应是着重解决的问题。

2.林业补助重点亟待调整

首先，目前林业财政补助仅用于造林、森林抚育、林木良种培育和森林保险保费补助，以及湿地、国家级自然保护区和沙化土地封禁保护区建设与保护，林业防灾减灾，林业科技推广示范，林业贷款贴息等方面，缺少前期生产资料投入尤其是林业基础设施建设领域的补助，如林业生产经营、林区发展急需的林业机具购置补助、现代林业示范区建设政策、林区作业道路建设等方面的补助。第二，从集体林角度看，对小规模经营主体扶持力度不足，现行的补助项目更多集中投入在国有林和公益林建设上，集体林经营主体相对于国有森林经营主体而言，产权规模更小、更细碎化，资金和技术力量更为薄弱，但由于其单纯的市场主体性质，导致其营林效率和灵活性往往高于国有林，更能适应市场需求的变化。第三，从国有林角度来看，随着国有林场和国有林区的改制工作不断推进，造林或抚育面积的减少，国有林场和国有林区的工作职能逐渐发生改变，由原来的开发和造林为主变为日常维护和管理为主，但日常维护和管理工作很难用绩效工资去衡量，因此林业补助政策的重点应及时发生调整和转变。根据调查，林场职工也期望拥有交通、基础设施和一定的管护补助等。

3.地区差异性不明显

我国幅员辽阔，地貌、地形、气候等自然条件多样，同时各地区经济发展情况也不一致，进而带来了不同地区不同的营造林成本、抚育成本和不同的技术操作，但是现行的林业补助标准是全国统一的，导致政策实施效果也不一样，即使相同的补助额度对不同地区的林业经营所产生的激励效果也存在差异。首先，南方和东部地区的劳动力价格普遍高于北方和西部地区，而北方和西部地区的水肥条件普遍较差，进而带来更高的劳动力投入和水肥成本投入。造林和抚育补助资金难以补偿劳工成本，这导致林业补助对农户的激励效果有限。其次，在具体技术操作措施上也缺乏区域差异性。例如在森林抚育方面，根据国家相关文件要求需要采取间伐，但实践证明，间伐在北方实施能获得较好的效果，而大面积和大量的间伐并不符合南方的实际情况，南方雨水充足，杂草生长快，需要采取除草和割灌等措施，农民也习惯用除草和割灌来进行抚育，抚育的效果会更加明显。通过案例点四川省调研数据发现，2016年，24.74%的受访农户认为应该施行分级补偿标准，其中17.89%的农户直接表示期望“按照山林生态价值”分级设定补偿标准。

4.国有林区促进就业增收作用有限

中央财政林业补助政策不但有生态保护修复功能，还应肩负国有林区民生改善的重任。林业补助资金在一定程度上解决了国有林区绝对贫困问题。但是，森工企业在岗职工及退休职工收入长期低于社会平均水平，早期一次性安置还未退休的下岗职工、在册不在岗职工、小型木材加工企业由于停伐倒闭自谋生计的职工等低收入特殊群体，这些相对贫困问题仍然非常突出。以黑龙江五营林业局为例，林业职工参加森林抚育的日工资从2015年的81元提高到2018年的122元，年均增长10.8%；而根据《中国统计年鉴》，城镇非私营单位在岗职工日平均工资从2015年的242元提高到2018年的330元，年均增长8.1%。相比之下，参加森林抚育的日工资始终低于城镇非私营单位在岗职工日平均工资水平。此外，重点国有林区职工参加森林抚育生产的意愿非常强烈，达到71.4%，但是造林和森林抚育所提供的岗位并不能满足职工的需要，其主要原因是由于有限的就业岗位被认为由外来人员（主要指当地农民）占据了。2018年69.2%的被调查职工认为外来人员占据了一半以上的森林抚育工作，与2015年相比，持这种看法的比例提高了25.8个百分点。

5.政策宣传有待进一步加强

虽然林业补助政策已实施了10年，各经营主体对政策的了解度和满意度均逐渐提高，但是在宣传过程中仍然存在短板，补助政策宣传不到位，经营者对林业政策参与度和了解度偏低。据2013—2018年辽宁、四川和浙江的国有林场职工对林业政策了解程度数据显示，均有超过10%的职工对补助政策不了解；2018年黑龙江重点国有林区数据显示，

57.3%的样本户表示对林业补助政策不了解。主要原因是没有正式的公示或通知，个别职工也对补助政策不感兴趣，还有长期在山上工作的职工，无法及时获得相关信息。

6.森林保险保费补助支撑不足

首先，目前实施的森林保险费率低于科学测算的风险最低区域的费率，不利于调动保险经营机构的商业利益和积极性。以浙江为例，目前浙江省的相关森林保险费率在0.6%～1%。然而，相关保险费率需提升至3%～6%才能保证保险经营机构的商业利益和积极性。第二，浙江省和辽宁省的样本农户反映，希望森林保险保费补助能扩大范围，不仅局限于国有林，普通农户也能够享有；在森林保费方面，很多参保林农愿意多交保费以期保险公司的赔付额度能有所提高。第三，由于林区往往地处偏僻，山高地广，交通困难，开展宣传和收取保费等都很困难，据反映收取的保费还不够油钱路费。第四，由于林地状况、树种、林龄等情况复杂，森林保险的承保、查勘、定损技术难度大，逆向选择和道德风险都比较严重，需要专业的技术人员。此外，农户承担商品林的保费比例偏高，浙江省的生态公益林保费都由中央和地方各级财政承担，农户零负担，但对商品林，中央财政的保费补贴比例为30%，农户承担比例在25%～45%。

（二）政策建议

1.进一步提高林业补助标准

立足高质量发展，加强顶层设计。第一，将林业振兴作为山丘区乡村振兴战略的重要组成部分，对政府林业资金进一步优化整合，从单纯强调林业产业发展，转向同时关注社会公平与包容，关注广大林农的切身利益和民生诉求。第二，整合相似对象、相似内容、相似目标以及补助额度小的林业补助，如将退耕还林补助、公益林生态效益补偿补助等林农享受的补助合并，统一发放，强化集中效果。国际上林业政策补助占营林成本的比例大多在40%～65%，建议借鉴国外的补助政策，实施与林业生产成本挂钩的动态化林业补助标准。该标准可以3～5年作为一个调整周期，5～10年内实现中央财政按不同地区营林成本的20%～30%予以补助的目标。第三，重点支持国家森林公园建设、森林资源培育、森林资源保护、林区公路养护等产业推广示范项目、生态修复项目的专项转移支付。

2.林业补助全产业链转变

第一，将补助内容重心从造林抚育，向林业基础设施、科研、生态监测、信息化、宣传等方面扩展，建立一整套林业补助体系，把打造高层次的天然林护林员队伍作为林业补助政策的一个重要目标。第二，增设造林管护补助，对造林后的3～5年未成林增设造林管护补助，可以更好地促进成林前管护期的经营质量，促进林分生长，提高林分质量。第三，增设林业机械补助，尤其针对集体林经营农户，通过机械补助提高个体农户营林机械购置能力，自主完成森林抚育任务，改变受限于机械器具只能转包给“专业队”的局面。第四，随着国有林场职能的转换，针对国有林的补助，应由森林造林或抚育补助为重点转为加强生态效益补偿、天然林资源保护、森林保险和职工管护等为重点，将补助政策制度化。

3.林业补助政策差异化设计

第一，林业补助应结合当地林业生产要素成本、人力资本价格、施工地条件等因素，设计出相匹配的补助标准，做到科学合理、因地制宜、分类补偿。第二，实施与林业生产成本挂钩的动态化林业补助标准，林业补助标准可以3～5年作为一个调整周期，按照不同地区的经济发展水平、林分质量、生产环节等因素予以调整，改变传统中央财政林业补助标准“一刀切”局面，并鼓励有条件的省、地（市）级财政进行配套支持。第三，在补助方式上，除了采取现金补助之外，还可以通过人才援助、新技术推广、捐赠、设立产业扶持基金、生态保护基金等形式进行扶持。

4.国有林区林业补助政策应靶向倾斜

把中央财政林业补助资金向天然林护林员倾斜、向相对贫困治理群体倾斜。首先，应通过中央财政林业补助项目的实施，把国有林区的林业职工队伍改造成有专业技能的天然林护林员队伍，使其掌握智慧林业等新技术，适应于天然林保护修复的新治理体系。其次，发挥补助政策的民生功能，靶向作用于相对贫困的目标人群，通过与相对贫困群体签订较为长期合同的方式，既提高组织效率，也有利于发挥中央财政林业补助资金的民生改善效果。中央财政林业补助政策扩面提标后，天然林护林员的工资应有明显提高，达到并超过社会平均水平，使天然林生态保护修复从业者成为在社会上受人尊敬的体面劳动者。

5.加强林业补助政策宣传

第一，加强林业补助政策宣传工作，让更多营林主体参与进来。应借鉴农业补贴经验，不断强化电视、网络、远程教育、村村通广播等宣传，同时鼓励林场、乡镇政府、村委会等基层组织通过图片展示、视频播放、发放政策宣传小册子等容易理解的方式宣传林业补助政策。第二，加强信息普及，提升管理水平。针对农户享受的补助种类多、标准各异，在林业补助资金发放时，农户一卡通账户上信息量较少，建议补助资金发放时在一卡通账户上增加备注信息，如资金名称、补助标准、补助面积、资金总额等相关信息，使农户一目了然。

6.加大林业保险保费补助的力度

第一，增加森林保险责任范围，建立重大灾害补偿制度和再保险制度，切实分担林业生产的自然风险。第二，目前森林保险保费仅针对林木再植成本，建议保费应包含后期部分抚育成本，将特色经济林作物纳入政策性农业保险项目内，扩大森林保险责任范围。第三，森林保险需要根据不同地域灾害频数、再造林成本制定差异化的保费、保额标准。第四，完善政策性森林保险和拓宽林业产业发展资金来源，通过激励机制和市场手段，加快引导保险机构结合地方特殊情况，面向市场和社会增加林业保险融资。

（执笔人：韩锋　陈雅如　周戡　张多　李想　赵金成　王丽　张媛）

黑龙江省报告

一、概　况

（一）监测背景

黑龙江省中央财政林业补助项目主要包括造林补助和森林抚育补助。黑龙江省森林以国有林为主，黑龙江省国有林区也是我国重要的天然林区。1998年天然林资源保护工程（以下简称“天保工程”）试点实施，2000—2010年实施一期天保工程，2011—2020年实施二期天保工程。随着国有林区改革的深入，特别是进入二期天保工程阶段，黑龙江省中央财政林业补助项目开始实施。2015年，中共中央、国务院印发了《国有林场改革方案》和《国有林区改革指导意见》（中发〔2015〕6号），这两个文件的出台对黑龙江省林业发展产生了深远的影响。2018年以前，黑龙江省国有林区由黑龙江省森工总局和黑龙江省林业厅管辖，习惯上分别称为重点国有林区和地方国有林区。黑龙江省地方国有林区和重点国有林区2015年都开始进行改革，地方国有林区按照《国有林场改革方案》进行改革，改革进展较快，造林和森林抚育由县政府所辖的县林业局安排国有林场组织实施。国有林场曾种植过人工林，因此没有全面停伐，有少量的木材生产收入。重点国有林区按照《国有林区改革指导意见》进行改革，历史包袱沉重，改革较为困难，目前处于改革的攻坚期。造林和森林抚育由森工林业局（也称森工企业）安排其下属的林场组织生产。重点国有林区以天然林为主，已全面停止天然林商业性采伐，2015年后不再有木材生产收入（表2.1）。

表2.1　黑龙江省地方国有林区和重点林区的主要特点

特点	地方国有林区	重点国有林区
管理机构①	黑龙江省林业厅	黑龙江省森工总局
有林地面积（万公顷）②	734	858
林业管理层次	县——县林业局——国有林场	森工林业局——林场
是否全面停伐	否	是
改革指导文件	《国有林场改革方案》	《国有林区改革指导意见》

注：①2018年以前黑龙江省林业部门管理机构为黑龙江省林业厅、黑龙江省森工总局。2018年成立黑龙江省林业和草原局，不再保留黑龙江省林业厅、黑龙江省森工总局。

②有林地面积收据来自于《黑龙江省林业产业发展规划（2016—2020年）》。

2015—2018年，黑龙江省重点国有林区落实《国有林区改革指导意见》，全面实施改革。按照改革方案，森工林业局所承担的社会职能移交给地方政府。管理体制改革以及全面停止天然林商业性采伐产生大量富余人员需要转岗安置，在此情况下，林业补助政策在安置职工就业、维护林区稳定上发挥了重要作用。

黑龙江省林业补助政策的经济社会效益监测始于2014年，至2019年已连续开展了6年的跟踪监测。黑龙江省中央财政林业补助监测的特点是：一是调查问卷设计上注重对职工参与造林和森林抚育工作的补助、工作收入和工作时间（月数）的调查；注重对不同职业的职工及其家庭成员就业和收入的调查，以期更加准确地描述林业补助政策的成效并及时发现其存在的问题；二是采用计算机辅助面访（CAPI）调查技术，极大地提高了访问的效率和数据质量。

（二）监测方法

黑龙江省中央财政林业补助监测自2014年正式实施基线调查，至2019年已经开展了6期调查，每年的调查均反映上一年度的基本情况①。历年的监测情况见表2.2。采用入户访谈及问卷调查、召开座谈会等方式进行调查。

表2.2　历年样本情况

年份	林业局/县数（个）	样本数（户）	涉及人口（人）
2014	4	202	602
2015	4	223	656
2016	4	229	680
2017	4	236	688
2018	7	228	665
2019	7	243	697

根据监测方案，入户调查采用多阶段抽样的方法，首先，采用典型抽样的方法确定样本县和样本林业局。地方国有林区选择的样本县是逊克县和通河县。重点国有林区选择的样本林业局是五营林业局、鹤北林业局、鹤立林业局、汤旺河林业局、新青林业局、柴河林业局、清河林业局、通北林业局。其中，五营林业局和鹤北林业局是固定监测样本局，其余林业局为非固定监测林业局。然后采用等距抽样的方法确定样本林场。地方国有林区在每个样本县选择3个林场。重点国有林区在每个样本林业局选择2个林场和1个局址社区。最后，采用随机抽样的方法确定样本户。地方国有林区每个林场选择20户职工家庭。重点国有林区2014—2017年在每个林场或局址社区选择20户职工家庭；2018—2019年在每个林场选择8户职工家庭、每个局址社区选择9户职工家庭。

需要说明的是，虽然部分样本存在信息缺失现象，但为了充分利用问卷提供的信息，本报告未将其视为无效样本，只是在对相关问题进行分析时做了剔除，分析问题时采用的样本数在相应位置作了标示。调查地点及样本分布情况见表2.3。除了采用入户调查搜集家户层面调查数据以外，课题组还制作并回收了林业局/县以及林场层面的调查问卷，最后形成林业局/县、林场、家户3个层面的调查数据。

① 由于在2016年对调查问卷做了修订和完善，因此报告中对一些问题的分析时间起点为2015年。

表2.3 调查地点及样本分布

林区	县/林业局	监测年份	数据反映的年份	所在城市
地方国有林区	逊克县	2014—2019	2013—2018	黑河
	通河县	2014—2019	2013—2018	哈尔滨
重点国有林区	五营林业局	2014—2019	2013—2018	伊春
	鹤北林业局	2014—2019	2013—2018	鹤岗
	鹤立林业局	2018	2017	鹤岗
	汤旺河林业局	2018	2017	伊春
	新青林业局	2018	2017	伊春
	柴河林业局	2019	2018	牡丹江
	清河林业局	2019	2018	哈尔滨
	通北林业局	2019	2018	黑河

（三）研究方法

监测以家户层面调查数据为主，辅之以林业局/县、林场层面调查数据，运用描述性分析方法，分析黑龙江省中央财政林业补助政策的运行、成效和存在的问题。运用比较分析方法，纵向比较2013年和2018年林业补助政策效果的变化，横向比较重点国有林区和地方国有林区林业补助政策效果的不同。此外，还对管理干部和一次性安置人员以及转岗分流人员等特殊群体等关键人物进行深度访谈，以支撑研究结果。

二、样本户基本情况

（一）样本户基本特征

地方国有林区样本户的平均家庭规模为2.5人，户主平均年龄为52.5岁，户主平均受教育10.5年，家庭平均劳动力人数为2.0人；重点国有林区样本户的平均家庭规模为2.5人，户主平均年龄为54.5岁，户主平均受教育年限11.0年，家庭平均劳动力人数为2.0人（表2.4）。地方国有林区样本户的平均家庭规模和家庭平均劳动力人数与重点国有林区相比无显著差异。

表2.4 样本户人口的基本特征

项 目	地方国有林区	重点国有林区
家庭户均人口（人）	2.5	2.5
户主平均年龄（岁）	52.5	54.5
户主平均受教育年限（年）	10.5	11.0
家庭平均劳动力人数（人）	2.0	2.0

调查的样本户中，户主职业类型多为林场干部或管理人员、森林管护工人或森林抚育工人。在地方国有林区，70.1%的户主为森林管护或抚育工人，林场干部或管理人员占13.7%；在重点国有林区，42.0%的户主为森林管护或抚育工人，林场干部或管理人员占43.7%（表2.5）。

表2.5　样本户户主的职业类型 %

职业类型	地方国有林区	重点国有林区
管理人员	13.7	43.7
管护或抚育工人	70.1	42.0
林业系统外人员	7.7	6.4
其他	8.5	7.9

（二）收入和生活性消费

2013年以来，样本户的家庭收入和家庭人均收入均呈上升趋势。2018年样本户家庭总收入为76711.2元，是2013年的1.7倍，年均增长9.2%；2018年样本户家庭人均收入为26744.4元，是2013年的1.7倍，年均增长9.2%（图2.1）。2018年样本户的家庭人均消费支出为22670.7元，是2013年的1.2倍，年均增长2.5%。

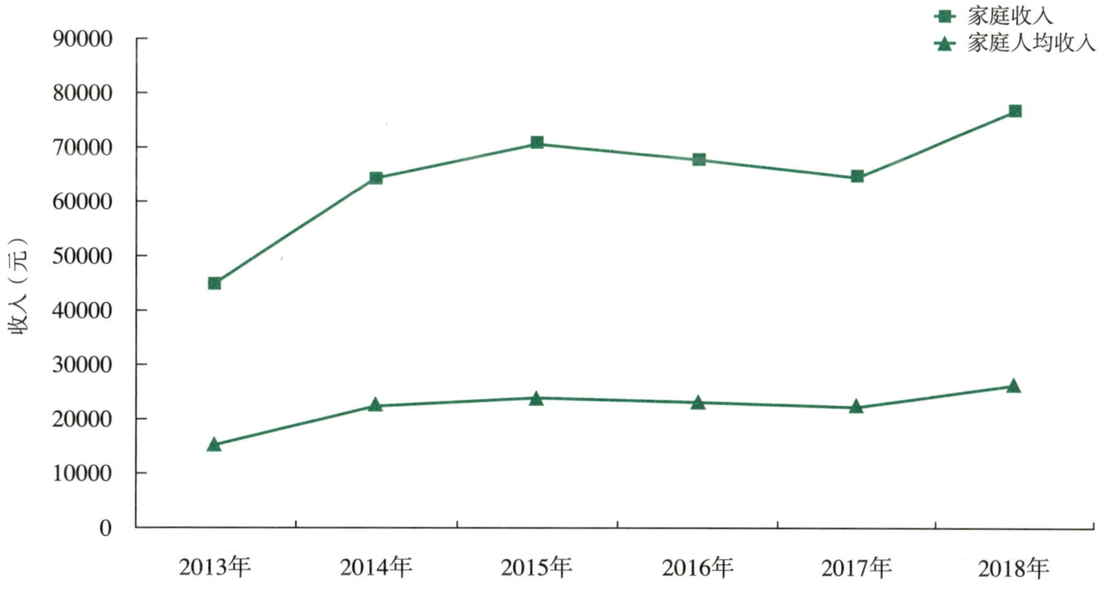

图2.1　样本家庭收入变化

（三）补助户与非补助户的比较

在样本户中，将补助户界定为至少有一个家庭成员参与了造林或森林抚育生产活动的职工家庭，其余为非补助户。2018年的样本中补助户有43户，占17.7%；非补助户有200户，占82.3%。

1.收入比较

2018年补助户的人均收入为25537.9元，非补助户的人均收入为27751.3元，补助户的人均收入比非补助户低8.7个百分点。与2015年相比，补助户人均收入提高了8.1个百分点；非补助户人均收入提高了11.2个百分点（图2.2）。补助户的人均收入始终低于非补助户，且增幅也低于非补助户，说明从事造林或森林抚育的职工家庭多为低收入或中等偏下收入家庭。

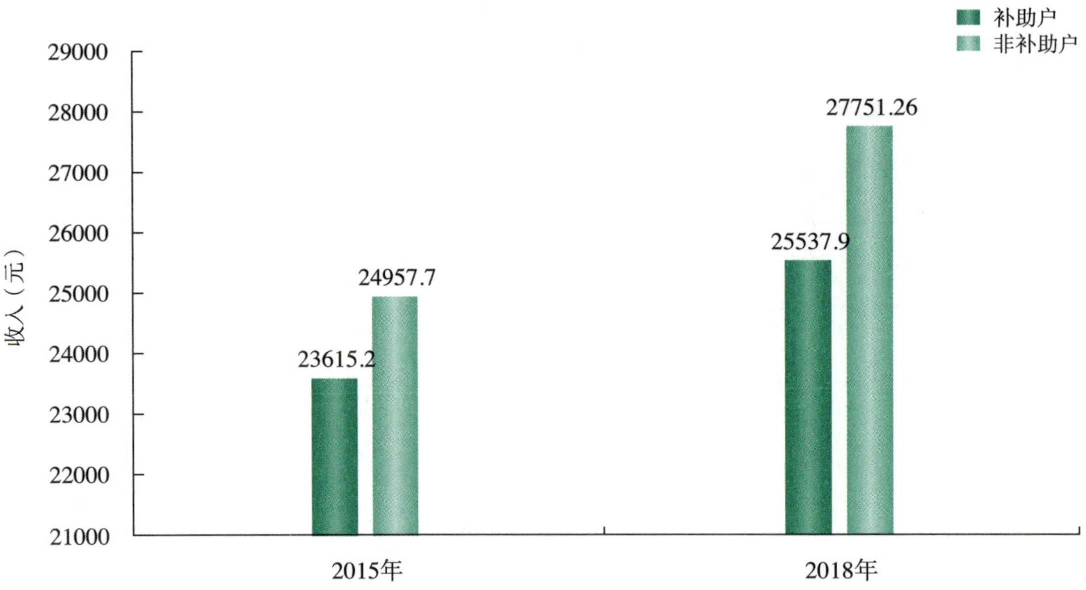

图2.2 补助户与非补助户人均收入

2.生活性消费比较

2018年补助户的人均生活性消费为23714.9元，非补助户的人均生活性消费为23810.0元，补助户的人均生活性消费比非补助户低0.4个百分点。与2015年相比，补助户人均生活性消费提高了18.6个百分点，非补助户人均生活性消费提高了29.9个百分点（图2.3）。

3.农林业生产比较

中央财政林业补助政策最重要的政策目标是促进林木生产，增强森林生态功能，其在经济社会方面的政策目标是为当地提供就业和增加职工或农民的工资性收入。那么，中央财政林业补助政策能否通过带动发展农林业生产而提高家庭经营性收入呢？

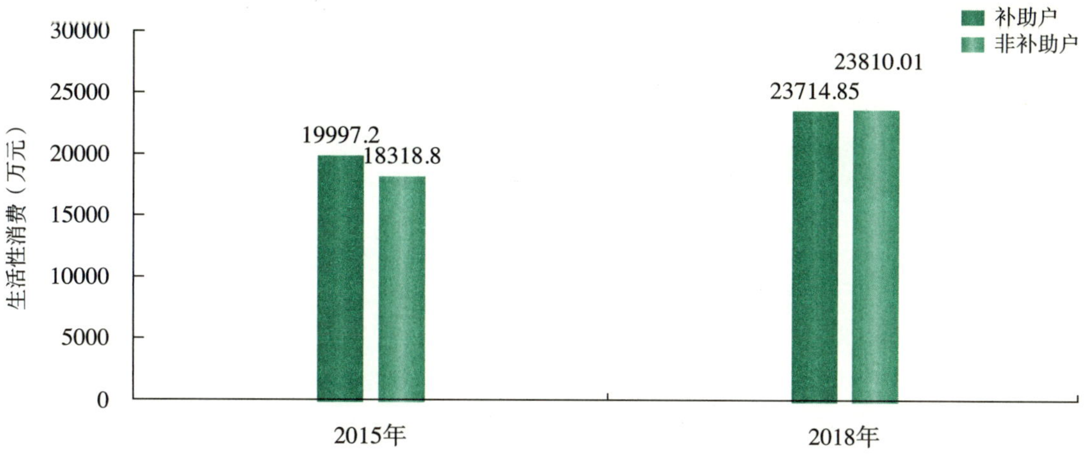

图2.3　补助户与非补助户人均生活性消费

理论上，国有林区的林业补助政策并不像农业补助政策可以直接增加职工家庭经营性收入。比如粮食补助政策，它的作用机理是增加粮食产量，粮食归属于农民，进而会增加农民收入；而林业补助政策，它会增加林木蓄积量，进而增加森林的生态功能。国有林区森林抚育主要是在公益林中进行的，当然也有小部分在商品林中进行森林抚育的，不过无论是公益林还是商品林，林木的所有权和使用权都不属于职工家庭。职工对森林进行抚育，林木蓄积量增加，但林木不属于职工家庭所有，并不会刺激职工家庭发展造林这种林业生产，也不会增加由此而产生的经营性收入。职工参加森林抚育生产，与其他务工一样，获得的是工资性收入，职工得到这个工资性收入后，是否将其投入林下经济生产中，这不是一个机制，因此也并不会是一个必然的、直接的结果。职工能否将参加森林抚育生产获得的工资性收入投入到林下经济生产中，更多的是涉及发展林下经济方面的激励政策。

黑龙江省2018年的监测表明，补助户的人均农林业生产经营性收入为2070.4元，非补助户为3032.9元。补助户的平均生产性投入为329.7元，非补助户为650.2元。这说明从事造林或森林抚育生产从而获得林业补助的职工家庭，往往也是从事农林业生产经营的职工家庭。这其实容易理解：造林或森林抚育生产的工期短，而农林业生产也是季节性工作，补助户容易将林业补助生产与农林业生产二者兼业。

4.林业补助政策的收入效应分析——基于PSM方法

计算补助政策对收入的净影响，最理想的办法是获得每个职工家庭分别作为补助户和非补助户时的收入值，这两个收入之间的差值就是森林抚育补助的收入效应。然而，数据中只能观测到每个职工家庭作为补助户或非补助户的其中一个收入值，且样本数据中既包含山上林场的职工也包含山下局址的职工，故简单地用一个补助户和另一个非补助户之间的收入差异来衡量森林抚育补助的收入效应，将会带来较大的误差。采用倾向得分匹配方法（PSM）控制样本中的选择偏差，将一些主要影响因素转化为接受干预的条件概率，为每一个补助户样本匹配一个与之相似的非补助户样本作为对照，从而探究参加森林抚育（补助户）对职工家庭收入的净影响。

在进行PSM分析时运用了“k近邻匹配”（k-nearest neighbor matching）的方法，寻找倾向得分最近的个体，由于控制组个体数量并不多，故选择进行有放回的一对一匹配，根据匹配后样本计算平均处理效应，式（2.1）为平均处理效应（ATT）估计量的表达式：

$$ATT=\frac{1}{N_1}\Sigma_{i:D_{i=1}}(y_i-\hat{y}_{0i}) \qquad \text{式（2.1）}$$

式中：$N_1=\Sigma_i D_i$为处理组个数，而$\Sigma_{i:D_i=1}$表示仅对处理组个体进行加总。类似地，也可以为控制组的每位个体j寻找处理组的相应匹配。

主要变量选择如下：家庭劳动力平均受教育年限；户主年龄；户主职业类型（户主的职业类型分为“干部或专业技术人员”和“非干部或专业技术人员”）；家庭劳动力数量；家庭规模；是否有家庭成员打工；家中是否有老人；家中是否有上学的子女；是否有家庭成员从事农林生产经营；是否有家庭成员从事个体工商业；家庭存款；是否居住在山上林场。

表2.6中实验组可匹配的数量为78，对照组可匹配的有效数量为142，按照命令中设定的匹配规则，试验组有2个样本户未能匹配到合适对照。

表2.6 样本户匹配结果

指　标	未匹配	匹　配	合　计
对照组	2	142	144
实验组	2	78	80
合　计	4	220	224

将数据随机排序后进行倾向得分匹配后，PSM估计结果表明（表2.7），森林抚育补助政策对职工家庭收入影响的处理效应为正向，无匹配的情况下，没有控制不同职工家庭由于不同社会经济条件造成的选择性偏差以及不可观测的组间差异所产生的影响，森林抚育补助前后无明显差异；采用PSM方法，ATT估计值为0.12，表明参与森林抚育使得补助户的家庭收入提高12%，但对应的t值为1.09，小于1.96的临界值，故不显著。

表2.7 倾向得分匹配结果

结果变量	组　别	无匹配	最近邻匹配
		匹配前	匹配后
收入对数	实验组	9.8363	9.8511
	对照组	9.9317	9.7307
	ATT	−0.0954	0.1204
		（−1.22）	1.0900

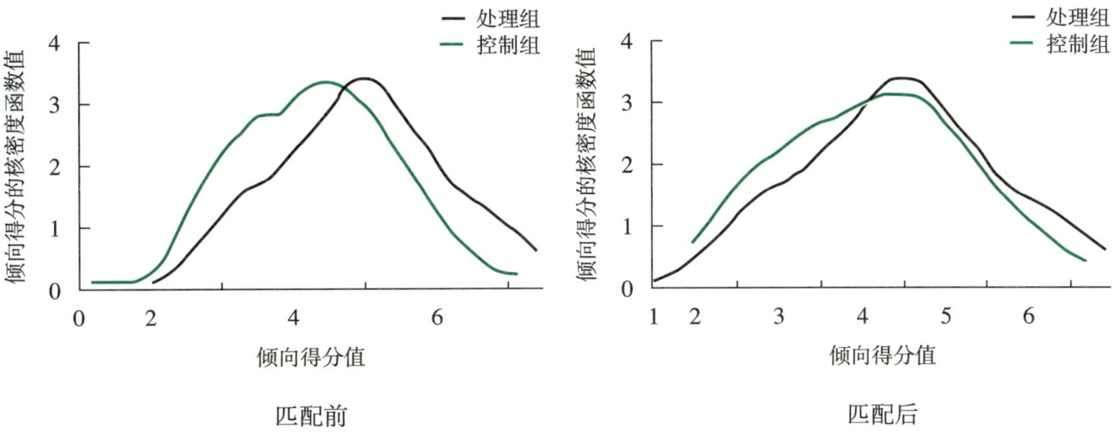

图2.4　匹配前后补助户倾向得分的概率密度比较

为检验倾向得分匹配效果，将匹配前后补助户和非补助户倾向得分值的概率密度分布作比较（图2.4），在匹配之前，补助户和非补助户选择参与森林抚育的倾向得分概率分布存在明显差异；在匹配之后，两者选择参与森林抚育的倾向得分概率分布非常接近。这表明，补助户和非补助户各方面特征已经非常接近，匹配效果较好。

重点国有林区全面停伐后，中央财政森林抚育补助项目对于安置职工就业、维持林区社会稳定被给予厚望。但是，本报告的研究表明，森林抚育补助项目的覆盖面较小，在当前情况下该项目并不能提高职工家庭收入，参与森林抚育补助的职工家庭收入低于没有参与森林抚育补助的职工家庭。PSM估计结果表明，表明参与森林抚育使得补助户的家庭收入提高12%。但PSM估计的结果并不显著。

三、中央财政林业补助政策的实施情况

（一）林业补助政策的实施情况

1.基本情况

黑龙江省重点国有林区的中央财政林业补助项目自2009年启动，截至2018年年底，森林抚育补助项目累计完成抚育面积6334万亩，累计获得补助资金75.31亿元，2009年和2010年的补助标准为100元/亩，2011—2018年的补助标准为120元/亩（表2.8）。

黑龙江省地方国有林区的中央财政林业补助项目自2010年启动，截至2015年年底，森林抚育补助项目累计完成抚育面积820万亩，累计获得补助资金8.2亿元，历年的补助标准均为100元/亩；造林补助项目累计完成造林面积235万亩，累计获得补助资金3.56亿元（表2.9）。补助标准如下：人工造乔木林（含核桃木本油料树种）每亩补助200元。灌木林每亩补助120元，木本粮油经济林每亩补助160元，水果、木本药材等其他经济林每亩补助100元；迹地人工更新每亩补助100元。除2012年财政部、国家林业局联合发文《中央财政林业补助资金管理办法》中去除了木本粮油经济林每亩补助160元一项外，补助标准基本没变。

表2.8 黑龙江省重点国有林区森林抚育补助情况（2009—2018年）

年份	面积（万亩）	标准（元/亩）	补助资金（万元）
2009	90	100	9000
2010	260	100	26000
2011	748	120	89760
2012	748	120	89760
2013	748	120	89760
2014	748	120	89760
2015	748	120	89760
2016	748	120	89760
2017	748	120	89760
2018	748	120	89760
合计	6334	—	753080

表2.9 黑龙江省地方国有林区森林抚育和造林补助情况（2010—2015年）

年份	森林抚育补助项目		造林补助项目	
	面积（万亩）	补助资金（万元）	面积（万亩）	补助资金（万元）
2010	50	5000	10	1050
2011	120	12000	25	2750
2012	160	16000	75	10725
2013	160	16000	75	10725
2014	160	16000	36	7560
2015	170	17000	14	2793
合计	820	82000	235	35603

在重点国有林区，森林抚育是天保工程中的一项重要内容，中央财政森林抚育补助资金包含在天保工程资金中。黑龙江省森工总局按照天保工程方案将森林抚育生产任务分配给各林业局，二期天保工程规划期为10年，重点国有林区在这10年内总的森林抚育生产任务基本稳定不变，但是森工总局会对各森工林业局的森林抚育生产任务进行统筹安排，即各森工林业局每年的森林抚育生产任务会有所变动。

以鹤北林业局为例（表2.10），森林抚育实施面积从2013年的20万亩增加到2018年的28.14万亩，森林抚育补助资金也从2013年的2360万元增加到2018年的3377万元。森林抚育生产主要是在天然林中进行的，2013年安排了22189亩的人工林抚育生产，但仅占当年生产总量的11.1%，到2018年全部森林抚育都是在天然林中进行的。从分类经营来看，森

表2.10 鹤北林业局森林抚育补助项目的实施情况

项 目	2013年	2014年	2015年	2016年	2017年	2018年
补助金额（万元）	2360	2499	2743	3285	3360	3377
实施面积（亩）	200000	210000	230000	275000	280000	281400
公益林（亩）	133780	184832	199974	242105	220652	244075
商品林（亩）	66220	25168	30026	32895	59348	37325
天然林（亩）	177811	206579	223367	275000	276316	281400
人工林（亩）	22189	3421	6633	0	3684	0
抚育采伐量（立方米）	39000	25926	0	0	0	0

林抚育生产主要是在公益林中进行的，2013年安排了66220亩的商品林抚育生产，占当年生产总量的33.1%，到了2018年商品林抚育生产下降到13.3%。

公益林和商品林的分类经营对于黑龙江省重点国有林区森林抚育没有实质性影响。因为全部的森林抚育生产都安排在国有林中进行，这些国有林又全部是天然林，而天然林全部停止了商业性采伐。所以，森林抚育的公益林和商品林之分已经没有本质区别了。森林抚育的作业规程也是相同的，基本作业方式是除草、割灌、修枝，间伐这种有可能带来经济效益的作业方式被认为是属于商业性采伐而禁止了。

2.补助资金的拨付方式

森林抚育补助资金的拨付方式在重点国有林区和地方国有林区有所不同。重点国有林区的森林抚育补助资金分两次发放，由黑龙江省森工总局拨付给各实施单位，即各森工林业局。每年年初中央财政本年度第一批资金下达后，由黑龙江省森工总局按照当年作业任务拨付给各森工林业局50%的资金，中央财政本年度第二批资金下达后，拨付各森工林业局45%的资金；剩余5%的资金作为工程质量保证金，待各森工林业局完成当年任务并经省级森林抚育领导小组办公室检查验收合格后，拨付到位。地方国有林区森林抚育补助资金采取两次拨付方式，通常于前一年的12月，省财政预拨70%的森林抚育补助资金到地方财政，于当年9月拨付30%到地方财政。

造林补助资金的拨付方式起初是分两次拨付，目前是一次性拨付。2010—2013年对造林主体的补助资金分两次拨付。第一次拨付是当造林主体完成当年造林任务后，向所在县林业主管部门提出造林成活率验收申请；县林业主管部门依据造林作业设计、合同、检查验收技术规定等组织检查验收；县财政部门根据林业主管部门的检查验收合格的报告，向造林主体兑付部分造林补助资金。第二次拨付是当造林主体完成造林任务3年后，由省林业厅及时组织开展项目县造林保存情况检查，出具验收报告。省财政厅根据财政部下达的专项资金文件及省林业厅提供的验收报告，按照预算级次拨付余下的造林补助资金。项目县财政部门根据省林业厅的验收结果，及时向造林主体兑付余下的补助资金。2010年和2011年，第一次和第二次各拨付50%的造林补助资金；2012年和2013年第一次拨付70%的造林补助资金，第二次拨付其余30%的资金。2014年至2018年中央财政造林补助资金都是一次性拨付。

黑龙江省林业补助资金拨付方式经历了从早期的“谨慎”到目前的“放心”，执行效率也越来越高，各级实施单位和造林抚育主体能够更快地获得补助资金。

（二）林业补助政策的参与情况

1.参与主体以林区职工和林农为主

黑龙江省中央财政林业补助项目的参与主体在地方国有林区和重点国有林区有所不同。地方国有林区的参与主体是林农。地方国有林区的基层单位是国有林场，国有林场改革后林业职工工资涨幅较大，由于基本工资能够满足其生活需要，所以林场职工对于参加造林和森林抚育生产并不积极。重点国有林区的参与主体是林业职工。重点国有林区改革正处于攻坚期，停止天然林商业性采伐导致大批林业职工转岗分流，森林抚育和造林等林业补助项目的这种增加就业和收入的民生作用凸显。

林业局和县的2018年调查数据表明，逊克县有1250人参与森林抚育任务，大部分为农民；鹤北林业局有3713人参与森林抚育任务，全部为林业职工，其中，企业在岗职工2386人，企业下岗职工1327人。

2.参与方式主要为林场组织

在落实中央财政林业补助政策时，地方国有林区或重点国有林区一般以基层林场为单位组织职工参加造林或森林抚育等生产活动。根据中共中央、国务院印发的《国有林区改革指导意见》，“造林、管护、抚育、木材生产等林业生产建设任务，凡能通过购买服务方式实现的要面向社会购买”。国有林区在落实林业补助政策时，可探索包括家庭独立承包、与其他家庭合伙承包等不同的参与方式，而林场则可向这些承包家庭购买生态服务。为此，调查问卷询问了样本户参与森林抚育等林业补助政策的方式。在地方国有林区，参与森林抚育补助并回答问题的样本户有24个，其中，87.5%的样本户通过林场组织来参与，12.5%的样本户通过承包单位组织来参与，没有职工独立承包和联合承包的情况；在重点国有林区，参与森林抚育补助并回答问题的样本户有27个，其中，92.6%的样本户通过林场组织来参与，7.4%的样本户通过承包单位组织来参与，没有职工独立承包和联合承包的情况。通过对职工的深度访谈发现在重点国有林区“通过承包单位组织来参与”这种形式一般是指承包人向林场承包森林抚育补助任务后，通过在劳动力市场聘用临时工来完成。

根据重点国有林区的样本户调查，职工独立承包和联合承包的情况越来越少。2015年职工独立承包和职工联合承包所占比例分别是5.2%和12.1%，但到2018年这两种情况都没有了。这表明在黑龙江省国有林区，森林抚育作为林业补助生产项目，职工承包的积极性不高。另外，黑龙江省国有林区的承包和南方集体林区的承包也有所不同，前者是林业职工从集体到个人的承包，后者是从农民到专业队伍的承包，后者已走向市场化专业化，有利于提高生产技术水平和效率。

（三）林业补助政策的认知度不高

根据样本户调查，黑龙江省国有林区林业职工对中央财政林业补助政策了解程度不高。2018年，重点国有林区样本户中对林业补助政策了解或基本了解的占51.6%，地方国有林区样本户中对林业补助政策了解或基本了解的占42.7%。2013—2018年间，无论是重

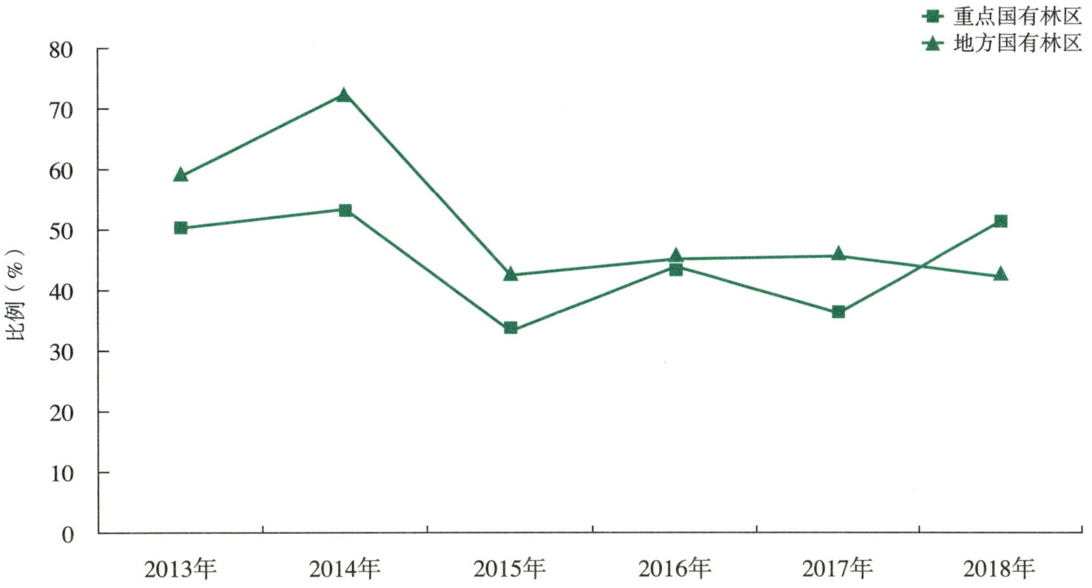

图2.5　职工对林业补助政策的了解程度

点国有林区还是地方国有林区，职工对中央财政林业补助政策了解或基本了解的所占比例基本在50%左右上下波动（图2.5）。

不了解林业补助政策的人具有两个特点：其一是以非补助户为主，2018年的调查数据表明，在不了解林业补助政策的样本户中非补助户占77.3%；其二是以林业局管护工人或其他工人为主，2018年的调查数据表明，在不了解林业补助政策的样本户中林业局管护工人和其他工人占66.4%。非补助户由于没有参与造林或森林抚育等生产任务，因而不了解林业补助政策。后者的原因是很多职工参与造林或森林抚育工作，这与其平时的工作十分相似。与其说他们不了解中央财政林业补助政策，不如说他们不了解自己所从事的工作中哪些是源自中央财政林业补助政策、哪些源自天保工程。对于可通过参加造林或森林抚育提高收入或维持生计的职工或下岗职工而言，不了解林业补助政策是非常不利的。

四、中央财政林业补助政策的成效

（一）提高森林生态系统整体功能

黑龙江省重点国有林区自2009年利用中央财政林业补助资金实施森林抚育以来，按技术规程保留了森林抚育作业样地和未实施森林抚育作业的对照样地，以期科学评估森林抚育的生态效益。从不同林分抚育3年后蓄积量增长率来看（表2.11），除个别林分外，作业区的蓄积量增长率均高于对照区0.5%～13.5%，平均6.2%。从综合抚育采伐量和3年间林木蓄积量增长量来看，作业区蓄积量增量均高于对照区1.07～1.87倍，平均1.18倍。

（二）促进林分生长

经过森林抚育后森林蓄积量增加，以鹤北林业局为例，2018年活立木蓄积量4073.0万立方米，是2013年的1.13倍，年均增长2.1%（图2.6）。通过对人工林作业区、对照区森林抚育效果的对比，各试点局作业区都有明显的抚育成效。黑龙江省国有林抚育后林木生长量、蓄积量有所增加，树木枯损量减少，森林火灾和病虫害情况得到控制，森林环境得到改善，生态功能进一步增强，森林结构得到优化，森林更加健康。

表2.11　不同林型抚育3年后蓄积量变化

林　型	龄　组	类　型	抚育3年后		
			总生长量（立方米）	年均生长量（立方米）	年均蓄积增长率（%）
针叶林	幼龄林	对照区	44.326	14.78	22.9
		作业区	47.293	15.76	35.7
	中龄林	对照区	29.220	9.74	10.8
		作业区	39.518	13.17	11.3
针阔混交林	幼龄林	对照区	–11.502	–3.83	–5.1
		作业区	13.482	4.49	8.4
	中龄林	对照区	19.247	6.42	7.4
		作业区	35.912	11.97	13.0
阔叶混交林	幼龄林	对照区	10.554	3.52	8.6
		作业区	15.092	5.03	7.7
	中龄林	对照区	48.996	16.33	31.5
		作业区	–10.556	–3.52	–6.2

数据来源：黑龙江省森林抚育补助政策样地监测数据（2013—2016年）。

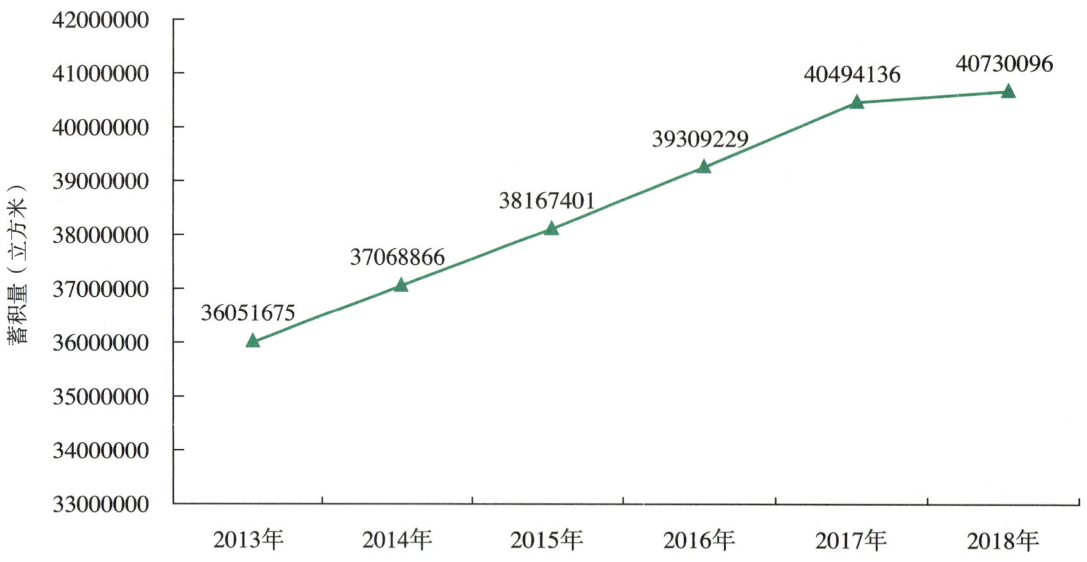

图2.6　鹤北林业局活立木蓄积量变化

（三）提供就业岗位

林业局层面的调查提供了参与森林抚育补助政策的职工人数，调查表明，森林抚育补助政策解决了一部分职工的就业问题。例如2018年，五营林业局参与森林抚育补助的职工占其在岗职工人数的13.0%，而在鹤北林业局，这个比例达到78.9%。而据样本户调查，林业补助政策的覆盖面达到26.3%，即26.3%的样本户参加了造林或森林抚育生产。

据样本户调查（表2.12），2018年参加造林生产的职工有51人，平均造林工作天数为19.2天，其中，37.3%的职工全年工作时间在10天以上20天以下，比2015年减少了13.9个百分点；15.7%的职工全年工作时间在20天以上，比2015年增加了1.4个百分点。2018年参加森林抚育生产的职工有43人，平均抚育天数为32.5天，其中，39.5%的职工全年工作时间在10天以上20天以下，比2015年增加了14.5个百分点；53.5%的职工全年工作时间在20天以上，比2015年增加了6.8个百分点。总体来看，2015—2018年，造林和森林抚育中工作天数虽有波动，但幅度不大。

表2.12 造林和森林抚育工作天数占比情况 %

年份	造 林			森林抚育		
	＜10天	10～20天	＞20天	＜10天	10～20天	＞20天
2015	34.5	51.2	14.3	28.3	25.0	46.7
2016	25.0	36.9	38.1	15.1	26.4	58.5
2017	17.3	42.0	40.7	19.7	18.0	62.3
2018	47.0	37.3	15.7	7.0	39.5	53.5

（四）支撑森工企业职工工资支出

全面停伐后重点国有林区森工企业失去了木材采伐收入，职工工资和福利支出的压力增大。中央财政森林抚育补助经费更是成为重点国有林区各林业局职工工资支出的重要来源。2018年五营林业局的中央财政森林抚育补助经费占其职工工资支出的7.9%，而在鹤北林业局，这个比例达到22.2%。

林业职工期待林业补助政策能够长期实施，并能给更多的职工带来就业岗位。从林业职工对林业补助政策需求的调查表明，职工的主要需求就是林业补助政策能够长期执行，每年都有任务，政策组织公平合理，所有职工都能参加。

五、中央财政林业补助政策存在的问题与建议

（一）存在的问题

1.促进就业、提高收入的作用有限

林业补助政策实施主体以林业职工和农民为主，但在地方国有林区和重点国有林区有所不同，地方国有林区以农民为主，而重点国有林区则以林业职工为主。相比于地方国有

林区，重点国有林区职工参加森林抚育生产的意愿更为强烈。在地方国有林区，46.0%的职工参与意愿高，在重点国有林区，71.4%的职工参与意愿高，比地方国有林区高25.4个百分点。但是，造林和森林抚育所提供的岗位并不能满足职工的需要。

就业岗位不能满足职工需要的主要原因是由于有限的就业岗位被认为由外来人员（主要指当地农民）占据了。例如，在重点国有林区，69.2%的样本户认为外来人员占据了一半以上的森林抚育工作，与2015年相比，持这种看法的比例提高了25.8个百分点。在地方国有林区，25.4%的样本户认为外来人员占据了一半以上的森林抚育工作，与2015年相比，持这种看法的比例下降了6.5个百分点。

虽然中央财政林业补助政策在一定程度上有助于职工家庭收入的提高，但是职工家庭的增收并不明显。PSM估计结果表明，参与森林抚育提高补助户的家庭收入的结果在统计上并不显著。职工对其所在单位的工资及福利待遇、对家庭整体收入状况的满意度较低，多数职工认为自家的收入情况不如当地农民。

根据样本户调查，2018年对单位的工资及福利待遇非常满意和比较满意的合计占31.2%，比2015年提高了5.0个百分点；2018年对于目前家庭整体收入状况的看法，认为非常好的和较好的两者合计占21.8%，比2015年提高了11.7个百分点；在问到对自身收入状况与当地农民收入状况相比较的看法时，仅有19.8%的样本户表示比当地农民强，比2015年提高12.8个百分点，34.6%的样本户认为不如当地农民，比2015年下降27.0个百分点。

2.林业补助标准低且日工资低

黑龙江省重点国有林区森林抚育补助标准从2011年开始执行120元/亩，黑龙江省地方国有林区一直执行100元/亩。这一补助标准并没有随着劳动力工资的增加而有所提高。以五营林业局为例，林业职工参加森林抚育的日工资从2015年的81元，提高到2018年的122元，年均增长10.8%；而根据《中国统计年鉴》，城镇非私营单位在岗职工日平均工资从2015年的242元提高到2018年的330元，年均增长8.1%（图2.7）。相比之下，参加森林抚

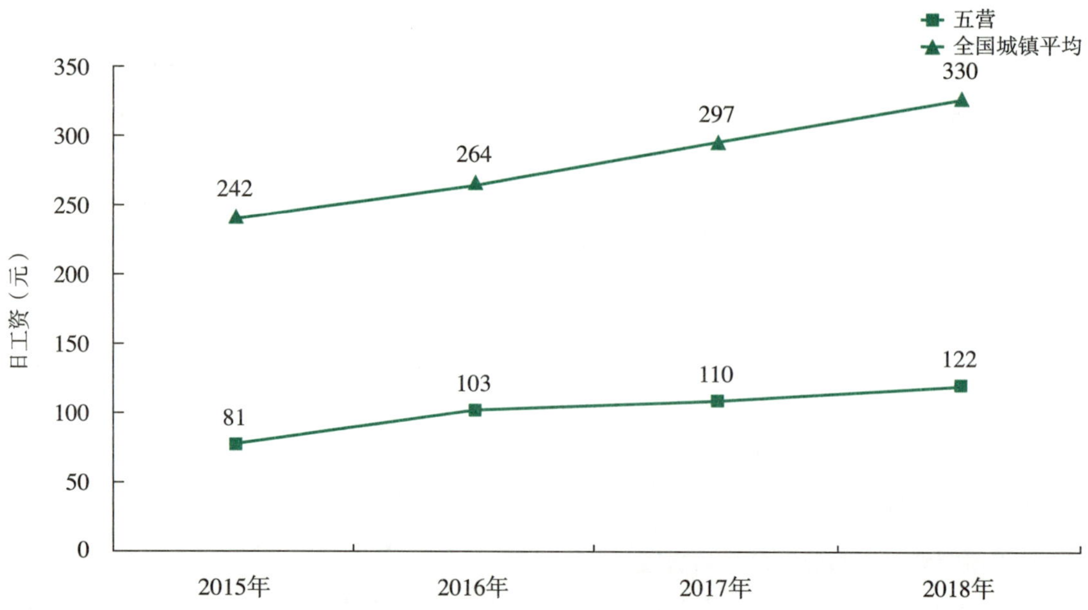

图2.7 五营林业局森林抚育日工资与全国城镇职工日工资比较

育的日工资始终低于城镇非私营单位在岗职工日平均工资水平。

3.参加造林或森林抚育工作的劳动力年龄偏大

2018年，参加造林生产任务的职工中，40岁以上占62.2%，比2015年下降了9.9个百分点；参加森林抚育生产任务的职工中，40岁以上占76.7%，比2015年下降了13.5个百分点。由此可见，参加造林和森林抚育等林业生产活动的职工年龄40岁以上的人数占比例大，整体年龄结构不合理，老龄化问题虽有所缓解，但依然很严重。

4.职工不签合同的比例较高

职工实际参与造林和森林抚育生产的比例要低于有这种意愿的比例。在参与方式上，职工想承包造林和森林抚育生产的比例也大大高于实际的比例。调查发现，在地方国有林区，60.0%的参加造林或森林抚育的样本户表示没有与单位签订书面合同；在重点国有林区，51.9%的参加造林或森林抚育的样本户表示没有与单位签订书面合同。

（二）主要结论及政策建议

1.主要结论

（1）林业补助政策对于安置森工企业富余人员进而维护社会稳定作用突出

2015年后东北国有林区深化管理体制改革，黑龙江省重点国有林区改革处于攻坚期。全面停止天然林商业性采伐后产生了大量富余人员，森工企业将社会职能移交给地方政府后也产生了大量富余人员，再加上以前产生的下岗人员，有大量富余人员需要安置。林业补助政策解决了一部分职工的就业问题，让这些人能有工作可做，稳定其“失业”的沮丧情绪，对林区社会稳定有突出作用。

（2）林业补助政策对处于改革攻坚期的森工企业经营运转起到支撑作用

黑龙江省重点国有林区森工企业处于改革攻坚期，面临诸多困难：一是由于全面停止天然林商业性采伐，失去了木材生产主营业务收入；二是按照国有林区改革部署，企业承担的社会职能移交给属地政府，但属地政府只能接收社会职能，无力接收社会职能所带来的人员。三是由于生态红线限制，重点国有林区的接续和替代产业没有成长起来，没有新的经济增长点，森工企业几乎没有其他经营性收入。对于森工企业，天保工程中的森林管护费（相当于地方国有林区的森林生态效益补助资金）、造林补助资金、森林抚育补助资金是其收入的重要来源，支撑了森工企业职工工资的发放和生产经营运转。

（3）从事造林或森林抚育的是低收入群体

黑龙江省国有林区从事造林和森林抚育的人员以低收入群体为主。地方国有林区国有林场改革后，林业职工身份转为事业单位性质，工资有较大增幅，造林和森林抚育生产任务以当地农民为主。重点国有林区处于改革攻坚期和困难期，造林和森林抚育生产任务以低收入的职工家庭，特别是低收入的下岗职工家庭为主。此外，从事造林或森林抚育生产从而获得林业补助的职工家庭，往往也是从事农林业生产经营的职工家庭。

（4）从事造林或森林抚育的劳动力年龄偏大

参加造林和森林抚育等林业生产活动的职工年龄40岁以上的人数占比例大，整体年龄结构不合理，老龄化问题严重。劳动力老龄化问题的原因有二：一是《国有林区改革指导意见》要求森工企业职工只出不进，消化富余人员；二是由于林区无有效经济增长点，青年人外流严重，这与中国一些农村从事农业生产的劳动力老龄化问题相似。

（5）造林和森林抚育日工资低、工期短，增收效果不明显

二期天保工程期间造林和森林抚育补助标准一直没有上调。职工参加森林抚育的日工资虽有增长，但与全国城镇非私营单位在岗职工日平均工资相比仍有相当大的差距。造林和森林抚育的工期短，每年的工期为20～30天。由于日工资低和工期短，增收效果不明显。计量经济方法研究也表明，森林抚育补助政策对于增加补助户家庭收入效果不显著。

（6）林业补助政策对职工家庭发展林下经济没有激励机制和激励效果

在黑龙江省国有林区，林业补助政策不会像农业补助政策那样起到增加职工家庭经营性收入的效果。国有林区的林木所有权和使用权都不属于职工家庭。职工对森林进行抚育，林木蓄积量增加，但由于林木不属于职工家庭，所以不会激励职工家庭发展营林生产，也不会增加由此而产生的经营性收入。职工参加森林抚育生产，与其他务工一样，获得的是工资性收入，职工得到这个工资性收入后，不存在一个激励机制使其将这部分收入投入到林下经济等农林业生产中。补助户相比于非补助户更多地从事农林生产的原因是造林和森林抚育的工期短，而农林业生产是季节性工作，二者更容易兼业，并且更重要的是，参与其中的更多的是低收入群体，而且也没有明显的增收效果。

这一研究发现的政策启示是：林业补助政策没有必要追求促进职工发展林下经济的效果，它没有内在激励机制。政策的着力点不在于此，不必浪费有限的资金。国有林区是否以及如何发展林下经济应另当别论。

2.政策建议

（1）建设天然林管护站，适应天然林保护修复的新治理体系

随着国有林区改革的逐步深化，黑龙江省重点国有林区管理体制有重大变革、林区社会形态也将发生巨大变化。森工林业局改革为公益性企业，其生产任务是天然林保护和修复。“林场”作为曾经的以森林采伐为主要生产内容的基层生产单位将逐渐撤并进而消失，依托林场所形成的社区也会逐渐消失，取代林场的基层生产单位应该是天然林管护站，国有林区的社区将全部从山上撤到山下。2019年颁布的《天然林保护修复制度方案》提出“加强天然林管护站点建设”。二期天保工程结束后，森工企业的主要生产任务应是以天然林管护站为基层生产单位组织森林资源管护、造林和森林抚育。二期天保工程中，黑龙江省造林的生产任务并不多，是因为黑龙江省国有林区的森林覆盖率已经较高，可造林地不多。但是天然林修复不是简单地造林和抚育，生态治理的尺度是山水林田湖草，其配套的社会治理模式也将服务于天然林区居民和社区共同参与的天然林管护机制建设。因此，中央财政林业补助资金应投入到建设现代化的天然林管护站及其配套的林区道路，有效地投入到天然林保护（森林资源管护）和修复（造林和森林抚育）中。

（2）林业补助政策的民生功能应着眼于相对贫困治理，靶向作用于目标人群

中央财政林业补助政策不但有生态保护修复功能，还应肩负国有林区民生改善的重任。二期天保工程及中央财政林业补助资金很好地解决了黑龙江省国有林区绝对贫困问题，防止了天保工程区职工家庭陷入绝对贫困的陷阱。但是森工企业仍有大量的富余人员有待消化或已被低效率消化，林业在岗职工及退休职工收入长期低于社会平均水平一直是没有根本解决的痛点。黑龙江省国有林区的一些低收入特殊群体虽然不是绝对贫困群体，但却是相对贫困群体。这些低收入特殊群体包括：林业局早期一次性安置且还未退休的下岗职工；林业局在册不在岗职工；还有一些人，他们曾在国有林区小型木材加工企业

工作，企业由于全面停伐失去原材料供给而倒闭，这些人失业后自谋生计从事非正式工作，低收入特殊群体也包括他们。党的十九届四中全会提出“建立解决相对贫困的长效机制”，黑龙江省国有林区应利用中央财政林业补助政策，做好生态保护修复的同时，发挥其民生功能，靶向作用于这些低收入特殊群体，他们是相对贫困治理的目标人群。

现行的林业补助政策在民生改善上的发力点不聚焦，把有限资金“撒芝麻面”地面向所有职工。为此，造林和森林抚育应向相对贫困的目标群体倾斜。改以前由林场当年张贴通知组织生产的方式为与相对贫困群体签订较为长期合同的方式，既有利于提高组织效率，更有利于发挥中央财政林业补助资金的民生改善效果。如此，林业补助政策的增收效应将会显著。

（3）林业补助政策扩面提标

经过了两期天保工程后黑龙江省国有林区森林覆盖率提升的空间已经不大，但是山水林田湖草生态尺度下的天然林修复工程不再强调简单地植树，造林的目标不只是为了森林覆盖率的提升，更是为了天然林向顶级群落的修复。森林抚育作业规程也不应还是简单的除草、割灌和修枝，科学的间伐作业作为生态修复的必要措施应重新得到重视。因此，中央财政林业补助政策的“扩面”是完全可能的。

重点国有林区现有的森林抚育补助标准是每亩120元，自2011年以来一直没有上调，而这期间正是我国从二元经济结构向一元经济结构转折过渡期，各行各业劳动力的工资均有不同幅度的增长。建议以全国城镇非私营单位在岗职工日平均工资水平及其增速为标准制定森林抚育补助标准，作为“提标”的依据。

（4）把打造高层次的天然林护林员队伍作为林业补助政策的一个重要目标

中央财政林业补助项目包括造林和森林抚育，这些生产任务在黑龙江省是由林业职工完成的。《天然林保护修复制度方案》提出“结合精准扶贫扩大天然林护林员队伍，建立天然林管护人员培训制度”。因此，建议通过中央财政林业补助项目的实施，把黑龙江省国有林区的林业职工队伍改造成天然林护林员队伍，通过科学培训，进而打造成高层次的天然林护林员队伍。第一，高层次的天然林护林员队伍适应于天然林保护修复的新治理体系。第二，要对现有的林业职工进行科学的技术培训，使他们掌握并适应智慧林业的新技术。第三，国有林区原林场治理体系改为生态管护站治理体系后，继续消化冗余的管理人员，把中央财政林业补助资金向天然林护林员倾斜、向相对贫困治理群体倾斜。中央财政林业补助政策扩面提标后，天然林护林员的工资应有明显提高，达到并超过社会平均水平，使天然林生态保护修复从业者成为在社会上受人尊敬的体面劳动者。当国有林区生态保护修复成为体面的工作时，就能吸引青年人回流。第四，黑龙江省国有林区的林业职工最多、改革难度最大，对全国国有林区改革的影响很大。建议率先把黑龙江省作为天然林保护修复治理的改革示范区。

（执笔人：朱洪革　曹博　张少鹏）

浙江省报告

一、概　况

（一）监测背景

浙江省地处中国东南沿海长江三角洲南翼，东临东海，南接福建，西与江西、安徽相连，北与上海、江苏接壤，四季分明，气候温和，雨量充沛，土地肥沃，树种资源丰富。浙江省素有“七山一水二分田”之称，陆域面积1018万公顷。2018年，林地面积659.8万公顷，其中森林面积605.0万公顷，森林覆盖率为60.9%，居全国前列。浙江省2018年国内生产总值（GDP）56197亿元，人均GDP为98643元，城镇居民人均可支配收入55574元，农村常住居民人均可支配收入27302元，是中国经济最活跃的省份之一①。

自2009年开始，中央财政相继启动了造林补助、森林抚育补助、林木良种培育补助、森林保险保费补助等林业补助政策试点工作。2013年浙江省财政厅与浙江省林业厅联合发文《关于印发浙江省财政林业补助资金与项目管理办法的通知》（〔2013〕216号），向除宁波市之外的各市（区）财政局、林业局下发新的林业补助资金与项目管理政策；2014年浙江省财政厅与浙江省林业厅继《中央财政林业补助资金管理办法》（〔2014〕9号）又联合发文《关于拨付2014年中央和省级森林抚育补助资金的通知》（〔2014〕233号）和《关于拨付2014年中央和省级森林造林补助资金的通知》（〔2014〕256号）等，保证林业补助工作规范进行；2015年浙江省财政厅与浙江省林业厅联合发文《关于做好2015年彩色健康森林，木材战略储备林省级示范林和中央财政森林抚育补助项目建设工作的通知》（〔2015〕20号），明确资金使用和管理要求，加大了扶持力度。根据《林业改革发展资金管理办法》（财农〔2016〕196号）和《财政部关于拨付2017年林业改革发展资金的通知》（财农〔2017〕67号）文件精神，2017年原浙江省林业厅将中央财政林业贷款贴息补助资金1715万落实到位，分别分配到杭州市、温州市、湖州市、绍兴市、衢州市和丽水市并向社会公示，切实将增绿惠民富民的政策目标落到实处。根据2018年由财政部和国家林草局联合印发的《林业生态保护恢复资金管理办法》（财农〔2018〕66号），浙江省明确将林业生态保护恢复资金实施期限修订至2022年，并且新增条款：在测算分配林业改革发展资金过程中，向贫困地区特别是深度贫困地区和贫困人口倾斜，优先将贫困地区和贫困人口天然商品林纳入停伐管护补助范围，促进各地林业平衡发展。

---

① 数据来源：2018年浙江省统计公报。

（二）监测点概况

1.建德市样本村情况

杭州市所辖建德市地处浙江省西部，森林资源丰富，是省重点林区县（市）之一。2018年，建德市林地面积17.7万公顷，森林覆盖率达到76.2%。建德市2009—2018年的人均GDP、农民人均可支配收入变化见图3.1。

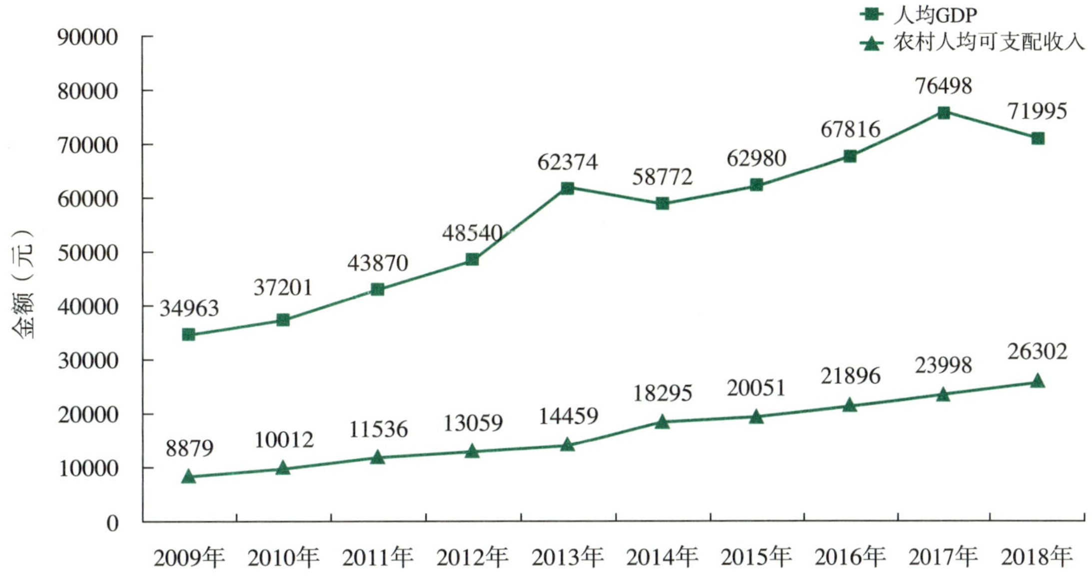

图3.1　2009—2018年建德市人均GDP和农民人均可支配收入变化

数据来源：2009—2018年建德市统计公报。

本项目在建德市随机抽取了6个村作为样本村进行调查①，项目调查期2013—2018年间建德样本村具体情况见表3.1，可以发现各指标之间存在不同的差异性。

（1）样本农户家庭人口特征

样本户家庭人口特征历年的情况相似，未发生明显变化（表3.2）。2018年的农户调查样本中，样本户家庭户均人口为4.4人，户主的平均年龄和受教育年数分别为59.90岁和7.00年，

表3.1　2013—2018年建德市样本村基本情况

年份	村均人口（人）	村均林地面积（公顷）	村均农民人均可支配收入（元）
2013	2211	10143.50	13993
2014	1901	915.25	12036
2015	2112	1213.99	7466
2016	2297	13122.83	16614
2017	2022	722.18	17979
2018	2104	618.96	19815

① 由于造林和森林抚育项目每年具有流动性，因此每年对于村样本选择具有流动性，无法做到完全一致。

家庭平均劳动力为2.7个，户均人口数和平均劳动力逐渐减少，表明劳动力外流现象较为严重。农业劳动力平均年龄57.10岁，农业劳动力年龄结构老龄化趋势并未改善。

（2）样本户家庭经济特征

建德市样本户家庭收入及其结构情况见表3.2、表3.3、图3.2、图3.3。2013—2018年样本户家庭收入逐渐增加，样本户收入增幅明显，年均增长率达到8.5%。建德样本户家庭收入主要来源为工资性收入和经营性收入，2013—2018年间样本户的工资性收入占其家庭总收入平均比例达到51.26%，而样本户对林业的依赖性在逐渐减小，其中营林收入占总收入比例从2013年的13.79%下降到2018年的11.47%。

表3.2　2013—2018年建德市样本户家庭基本情况

年份	户均人口（人）	户主平均年龄（岁）	户主受教年数（年）	平均劳动力（个）	平均务农劳动力（个）	农业劳动力兼职比例（%）	农业劳动力平均年龄（岁）
2013	4.5	53.52	6.99	3.9	1.5	8.23	53.96
2014	4.5	54.61	7.11	3.2	2.1	15.98	55.94
2015	3.9	54.30	7.30	2.7	1.3	9.60	57.00
2016	3.4	57.60	7.80	2.9	1.3	52.40	58.80
2017	2.8	54.30	7.00	2.5	1.1	61.60	56.70
2018	4.4	59.90	7.00	2.7	1.0	40.00	57.10

表3.3　2018年建德市样本户家庭收入及其结构情况

元

项　目	2013年	2014年	2015年	2016年	2017年	2018年
总收入	99358	100603	133492	176946	106267	149379
经营性收入	31973	32816	58121	79758	33665	73663.9
其中：农业收入	16922	14395	25676	23140	10552	47046
其中：营林收入	13705	12128	15180	10064	22991	17138
工资性收入	58696	59563	60004	61002	73871	60229
转移性收入	8380	8168	15367	16221	4026	15486

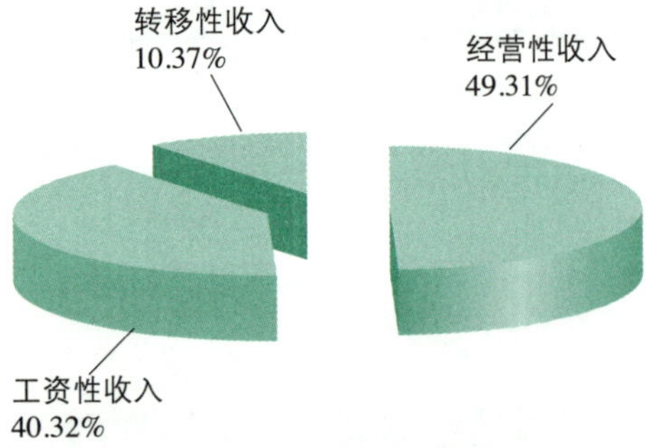

图3.2　2018年建德市样本户家庭收入结构情况

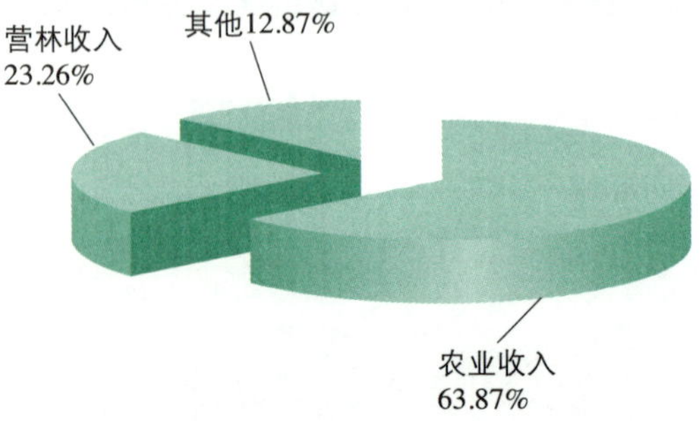

图3.3　2018年建德市样本户家庭经营性收入构成情况

（3）样本户家庭土地资源特征

浙江省林业“三定”后，山林分山到户，导致林地分散，2018年建德市户均林地面积为4.4公顷。由于建德县为多山地区，缺乏平坦肥沃的土壤发展农业，故家庭户均耕地面积不大，2018年建德市户均耕地面积仅0.2公顷（表3.4）。

表3.4　2013—2018年建德市样本户户均耕地和林地情况变化

年份	户均耕地面积（公顷）	户均林地面积（公顷）
2013	0.14	6.08
2014	0.16	8.34
2015	0.20	5.17
2016	2.20	21.20
2017	0.50	4.30
2018	0.20	4.40

2.开化县样本村情况

衢州市开化县位于浙江省西部，衢州市西北部，面积22.3万公顷，位于浙江人民母亲河——钱塘江的源头，地处浙皖赣三省七县交界，是连接浙西、皖南和赣东北的要冲，是浙江省重点林区和全国重点林业县。2018年，开化县森林面积18万公顷，森林覆盖率达到80.9%。开化县2009—2018年的人均GDP、农民人均可支配收入情况变化见图3.4。本项目在开化县随机抽取了6个村作为样本村进行调查，并且选择开化县国有林场开展国有林补助政策效益监测。

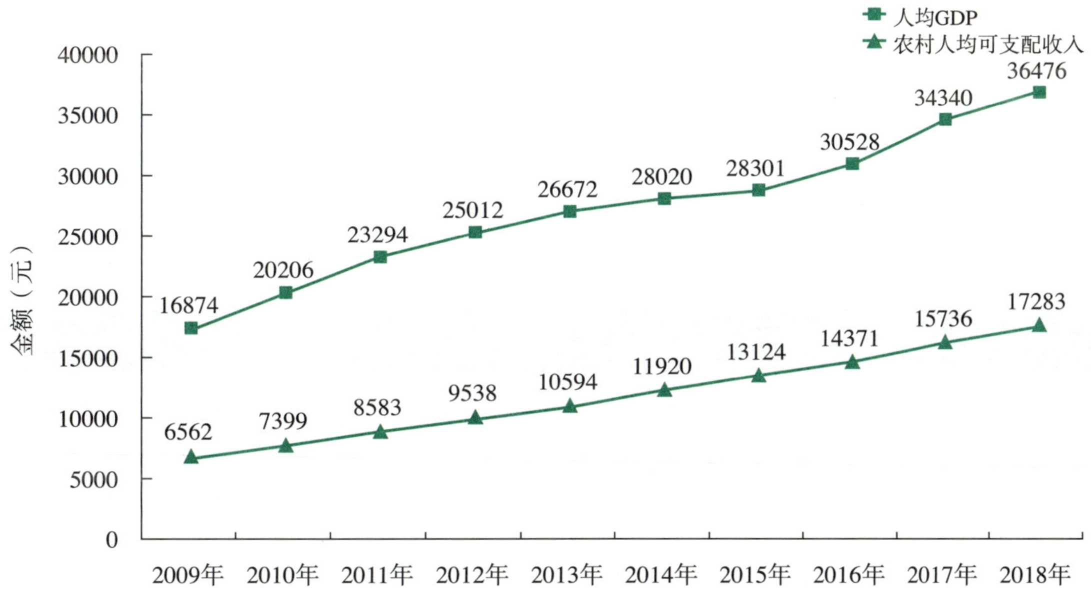

图3.4　2009—2018年开化县人均GDP、农民人均可支配收入变化

数据来源：2009—2018年开化县统计公报。

（1）样本农户家庭人口特征

在项目调查期2013—2018年，开化县样本村各指标之间存在不同的差异性（表3.5）。

从样本户家庭人口特征来看，样本户家庭户均人口数和平均劳动力人数呈下降趋势（表3.6），2018年农业劳动力平均年龄55.2岁，与建德类似，农业劳动力老龄化趋势没有得到明显改善。

（2）样本农户家庭经济特征

开化县样本户家庭收入及其结构情况见表3.7、图3.5和图3.6。2013—2018年期间样本

表3.5 2013—2018年开化县样本村户均相关指标基本情况

年份	村均人口（人）	村均林地面积（公顷）	村均农民人均可支配收入（元）
2013	2148	1383.50	8205
2014	2156	1451.50	10125
2015	2167	1608.67	11680
2016	1777	1153.42	8442
2017	1781	4103.72	13756
2018	1797	1182.33	14950

表3.6 2013—2018年开化县样本户家庭人口特征情况

年份	户均人口（人）	户主平均年龄（岁）	户主受教年数（年）	平均劳动力（个）	平均务农劳动力（个）	农业劳动力兼职比例（%）	农业劳动力平均年龄（岁）
2013	4.5	53.52	6.99	3.9	1.5	8.23	53.96
2014	4.5	54.61	7.11	3.2	2.1	15.98	55.94
2015	3.9	54.30	7.30	2.7	1.3	9.60	57.00
2016	3.0	59.80	7.50	2.8	1.1	51.40	59.60
2017	3.8	56.90	7.60	2.3	1.7	33.90	56.30
2018	4.6	57.40	7.40	2.1	1.2	58.00	55.20

表3.7 2013—2018年开化县样本户家庭收入情况

元

户均收入类别	2013年	2014年	2015年	2016年	2017年	2018年
总收入	83341	82564	63095	163995	90903	127189
经营性收入	33023	29302	22557	113304	33955	38755
其中：农业收入	13200	12115	4880	9895	12024	15494
其中：营林收入	8907	10390	3634	5625	7546	11421
工资性收入	45794	48452	37347	46475	51373	56807
转移性收入	4296	4241	3191	4217	2563	12290

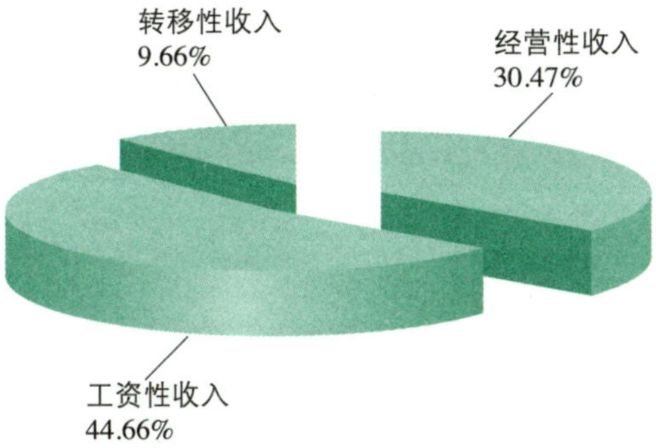

图3.5 2018年开化县
样本户家庭收入及其构成情况

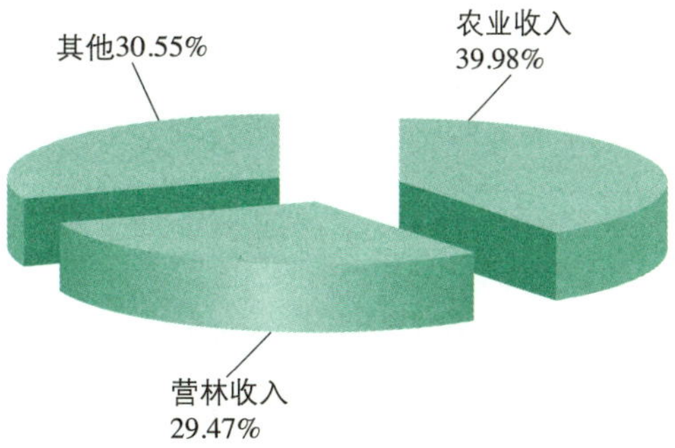

图3.6 2018年开化县
样本户家庭经营性收入构成情况

户家庭收入年均增加8.8%。2018年开化县样本户家庭收入主要来源为经营性收入和工资性收入，分别占其家庭收入的30.47%和44.66%，而样本户的农业收入和营林收入分别仅占家庭收入的12.18%和8.98%，样本户对林业的依赖性在减小。

（3）样本农户家庭土地资源特征

集体林权制度改革后，开化县山林分山到户，林地同样存在分散经营的特点，2018年样本户户均林地面积为5.40公顷（表3.8）。

表3.8 2013—2018年开化县样本户户均耕地和林地面积变化情况

年份	户均耕地面积（公顷）	户均林地面积（公顷）
2013	0.21	5.56
2014	0.19	6.07
2015	0.20	2.20
2016	0.20	5.00
2017	0.15	3.00
2018	0.38	5.40

3.开化县国有林场情况

2018年开化县国有林场经营区面积12713.9公顷，经营户313户，经营总产值1330万元，林场总收入3615万元。林场在职职工195人，均为在岗职工，其中固定职工149名，合同制职工46名，林业职工人均工资收入86000元/年。2018年林场退休职工407名，离休职工1名。2018年林地面积12552.7公顷，林分蓄积量为1524271立方米（其中公益林占64.4%，商品林占35.7%），近年来，年计划木材采伐量12000立方米，年实际木材采伐量14246立方米，森林火警起数0次，其中有614公顷林地发生森林病虫鼠害。

（1）林场职工家庭人员基本特征

与2013年相比，2018年开化县国有林场样本职工家庭基本特征没有明显变化（表3.9）。2018年样本职工家庭户主平均年龄为52.60岁，相比于2013年老龄化趋势更为明显。样本职工家庭平均劳动力数量基本稳定，林场工人数量和林场工人中工龄买断人数较之前有所减少。

表3.9 2013—2018年开化县国有林场样本职工家庭人员基本特征变化

年份	户主平均年龄（岁）	家庭劳动力平均数量（人）	家庭林场工人平均数量（人）	林场工人中工龄买断人数（人）
2013	49.48	2.30	1.43	0
2014	49.75	2.79	1.38	2
2015	50.00	2.00	1.00	0
2016	52.00	2.10	0	0
2017	53.50	2.40	1.20	6
2018	52.60	2.40	1.10	0

（2）林场职工家庭收入情况

从开化县国有林场样本职工户均收入及构成情况（表3.10）来看，样本职工家庭户均总收入年均增长14.08%，其中工资性收入是开化林场样本职工最主要的收入来源，2018年户均工资性收入占家庭总收入达到84.55%。

表3.10 2013—2018年开化县国有林场样本职工户均收入及构成变化情况 元

户均收入类别	2013年	2014年	2015年	2016年	2017年	2018年
总收入	102632	118258	49913	151223	211676	198328
经营性收入	6674	16417	3368	4500	7640	10000
工资性收入	84061	93438	43801	131510	132104	167696
转移性收入	8335	5649	1808	9744	12648	15415
财产性收入	3563	2755	1618	5469	10404	12000

（3）林场职工家庭支出情况

开化县国有林场样本职工家庭支出主要包括3个部分：消费性支出、生产性支出和其他支出（表3.11），其中户均消费性开支在样本职工家庭户均总支出比例最大，2018年达到95.74%。

表3.11　2013—2018年开化县林场样本职工平均支出情况

元

年份	户均消费性支出	户均生产性支出	户均其他支出
2013	108379	130	5000
2014	120820	8542	3973
2015	140850	7500	2750
2016	173267	9000	4500
2017	131092	1380	44406
2018	234808	9840	600

二、中央财政林业补助政策实施模式

浙江省作为中央财政林业补助政策的先行区，通过财政转移支付支持生态建设，同时善于结合各地区实际情况进行组织模式创新。在林业补助政策实施过程中，各地根据实际情况，结合森林权属差异，设计了多种类型的组织实施模式，包括：国有林中的“林场主导+地方参与”模式、集体林中农户承包模式以及专业组织承包模式等。

（一）国有林“林场主导+地方参与”实施模式

浙江省国有林场改制以后，出现了林场职工人数不足，难以完成林场造林和森林抚育任务的问题。目前，浙江省大部分林场采取“林场主导+地方参与”的模式，即林场接收造林和森林抚育任务后，雇佣当地营林组织和林农开展具体实施，林场主要负责管理和验收工作。开化林场即采取了该种模式，这种交由地方营林组织承担补助任务的模式既解决了林场劳动力不足的问题，也节省了交易和监督成本，林场能更好地组织开展技术培训，现场统一管理和组织营林合作组织完成任务。同时该模式中林场又肩负着管理和验收的职责，林场可以凭借对当地森林资源、造林和抚育作业规范要求熟悉的优势，更好地指导地方营林组织完成任务。

在开化县国有林场共调查25名林场样本职工的家庭基本情况，以及2013—2018年参与林场造林和森林抚育的情况。调查中发现，林场中样本职工有意愿承包造林或是森林抚育项目的职工所占比例历年平均为18.9%，不愿意承包的原因最主要是因为林场工作繁忙，大部分样本职工认为做好本职工作即可，工资待遇较好无需再做其他事情，且承包环节多，手续复杂。

大部分的样本职工表示参与森林抚育或造林工作不需要任何程序，属于日常工作，2018年为72%，比2017年增加了20%。在2018年，有8%的样本职工表示参与补助项目需要向林场申请，申请后均由林场直接批准。各年的具体情况见图3.7。

在职工参与林业相关培训方面，2018年有60%的样本职工表示参加过培训，相比2017年该比例下降了16%，这说明林场虽然对抚育和造林作业及其相关培训方面提供了条件，但“没通知也没参加”的比例和“通知但没参加”的比例历年平均仍然分别达到18.33%和8.17%，可见职工的积极性和对其重视的程度不够高，林场还需要加大宣传和培训的力度，详细对比情况见图3.8。

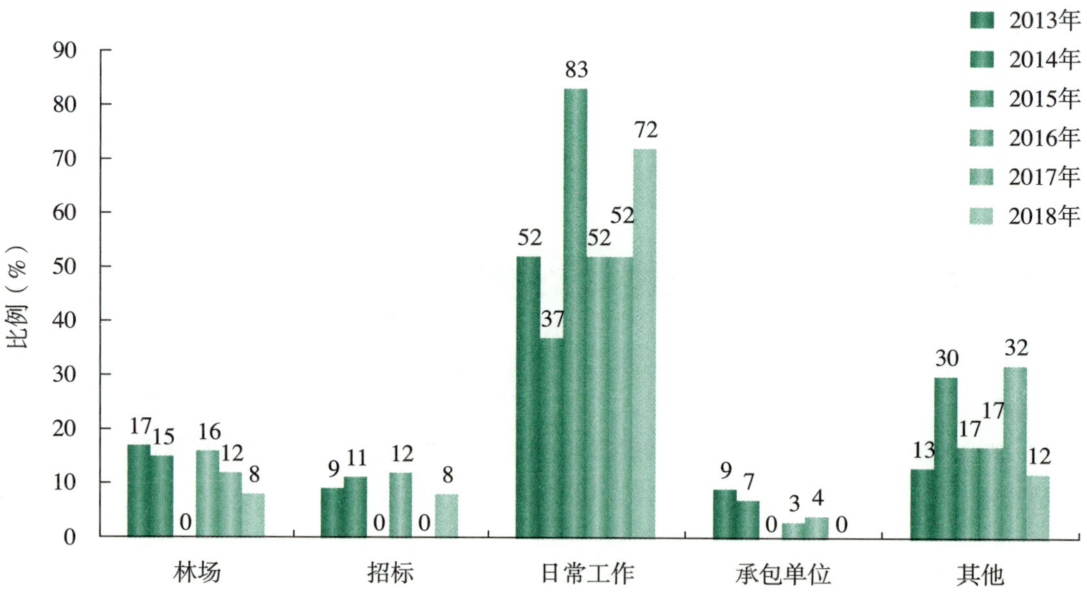

图3.7　开化县国有林场样本职工参与森林抚育或造林工作途径对比

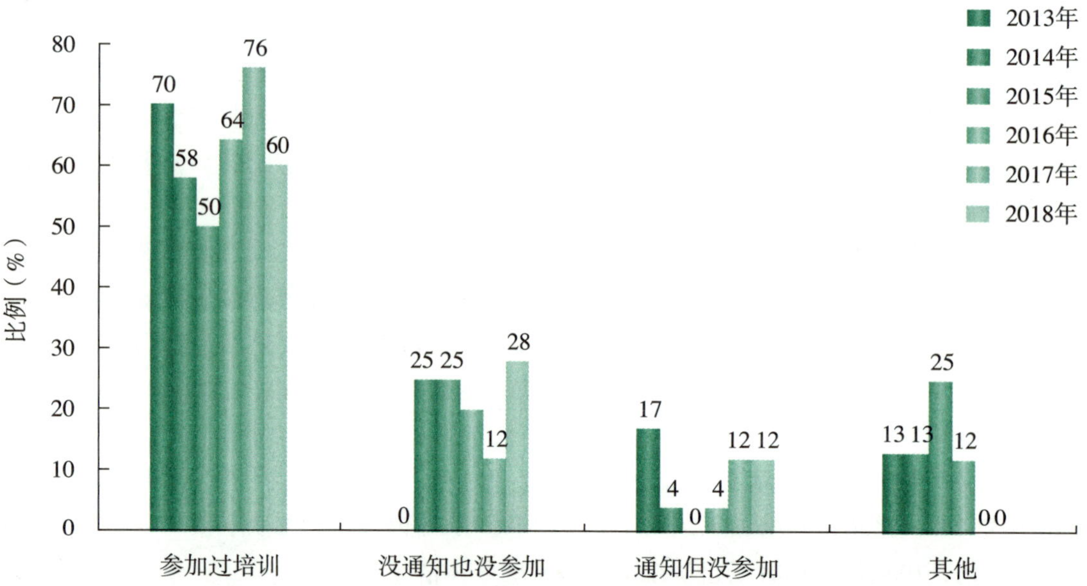

图3.8　开化县国有林场样本职工参与林业相关培训的情况

在没有参与森林抚育补助或造林施工作业的样本职工家庭中，有少数样本职工表示之所以不愿意参与主要是认为自身条件达不到要求。这说明大部分样本职工还是愿意参与森林抚育补助或造林施工作业的，只是由于种种客观原因没有参加。绝大多数的样本职工不想承包森林抚育或造林项目，主要原因是有自己日常工作，或是由于各种原因不方便参与。

开化县国有林场样本职工对林业补助项目最佳实施主体选择的分布情况见图3.9。样本职工认为林场该作为林业补助项目最佳实施主体的占比最高（历年平均占比达到73.67%），其次分别为林场职工承包（历年平均占比达到19.00%）、农户（历年平均占比达到5.33%）、专业队（历年平均占比达到2%）。这与开化地区“林场主导+地方参与”的实际实施模式相符，也体现出“林场主导”的优势。2018年样本职工参与林业补助项目平均为154天，占比达80%，比2017年上升了29.4%。

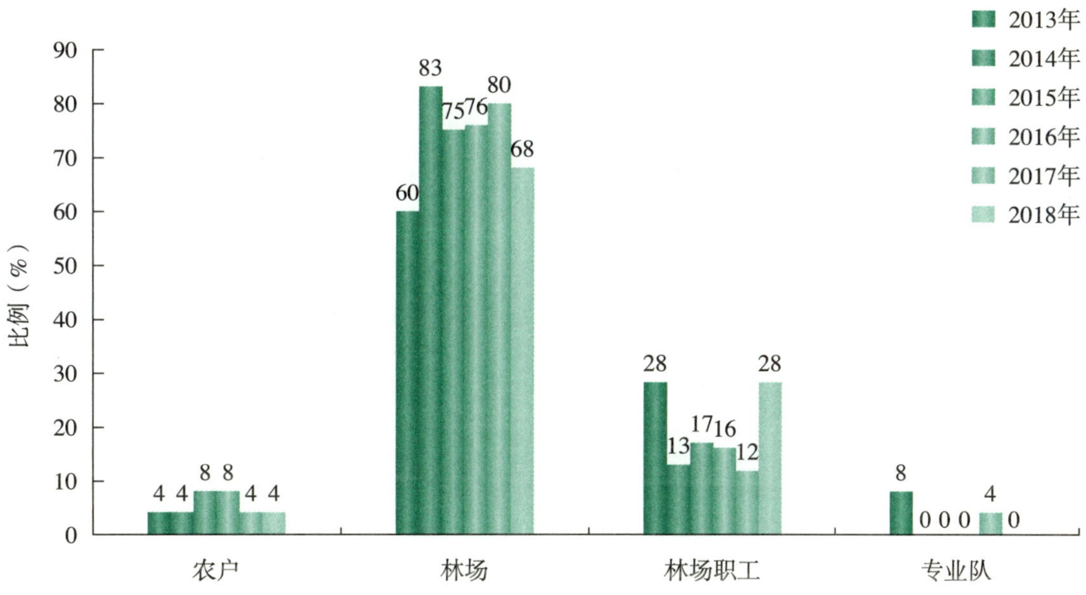

图3.9 开化林场样本职工对林业补助项目的最佳实施主体选择

（二）集体林实施模式

集体林权制度改革的推进和农村劳动力的大量外出转移，促使南方集体林区造林、森林抚育补助项目的组织管理模式积极创新。监测发现，浙江省集体林在造林补助和森林抚育补助项目的实施模式中，主要有以农户为主导的农户承包模式和专业组织模式两种。

1.农户承包模式

农户承包模式是由农户自己向村集体申请或是由村集体根据实际情况统一规划分配，将造林、森林抚育任务交由农户完成的林业生产模式。村集体和乡镇林业站在农户造林或森林抚育任务完成后对其进行验收，在森林抚育执行时进行指导和建议，不参与实际操作，并在验收合格之后发放合格证并将补助资金通过银行卡转账的形式拨付给农户。

造林补助资金包括直接补助和间接费用补助，直接补助由省财政分两次下达，间接费用补助由省财政一次性下达，于造林后第二年发放。森林抚育补助资金用于森林抚育有关费用支出，包括直接支出和间接支出，分两次拨付，批复实施方案后拨付70%补助资金，验收合格后再拨付30%森林抚育补助资金；一般是每年下半年发放。在实地调研中，开化县样本户以及建德市样本户均采用了农户承包模式（表3.12、表3.13）。

根据实地调查，2018年开化县户均生产资料和雇工投入分别为8018.07元和7238.61元，分别占户均总投入的52.55%和47.44%。建德市样本户2018年平均户均劳动力投入数量为131.6个工日，平均户均劳动力投入成本为15697.5元，而开化县2018年户均劳动力为81.4个工日，投入成本相对较少，为11803元。户均营林投入方面，相比往年两样本县

表3.12 2013—2018年开化县样本点样本户承包模式补助的情况

补助类别	补助情况	2013年	2014年	2015年	2016年	2017年	2018年
造林补助	补助标准（元/公顷）	1500	1500	1500	1500	1500	1500
	样本户期望标准（元/公顷）	6833.4	4722.15	7112.8	7480.5	11430	6116.7
	户均实际补助（元）	9911.63	5923.57	24566.3	2187	3349	1314.19
森林抚育补助	补助标准（元/公顷）	1500	1500	1500	1500	1500	1500
	样本户期望标准（元/公顷）	2882.1	2828.55	7062.4	6755.6	10279.5	5850
	户均实际补助（元）	10630.44	8765.5	7538.1	2465.6	3185.8	19936

表3.13 2013—2018年建德市样本点样本户承包模式补助的情况

补助类别	补助情况	2013年	2014年	2015年	2016年	2017年	2018年
造林补助	补助标准（元/公顷）	1500	1500	1500	1500	1500	1500
	样本户期望标准（元/公顷）	6037.5	5437.50	3040.0	7480.5	8295	4560
	户均实际补助（元）	11610.59	7025	58670	0	13210.8	0
抚育补助	补助标准（元/公顷）	1500	1500	1500	1500	1500	1500
	样本户期望标准（元/公顷）	3110.25	2827.50	3731.8	4216.5	8701.5	5035.5
	户均实际补助（元）	8060.67	10588.76	36635.3	36635.3	13763.5	85530

（市）均有所上升，2018年样本户户均营林投入为2014年的2.95倍，可见样本户的生产积极性有所提高。户均林业收入有所波动，建德市户均林业收入增加较为明显，而开化县户均林业收入反而有所下降，可见林业收益的不稳定性。

相对于样本户不断营林投入的上升，造林和抚育等补助政策标准没有发生变化，进而造成2013—2018年样本户的期望补助标准远高于实际补助政策标准（表3.12、表3.13）。以开化县为例，造林补助标准历年为1500元/公顷，而近3年样本户期望的补助标准分别为7480.5元/公顷（2016年），11430元/公顷（2017年）和6116.7元/公顷（2018年）。从样本户实际获得补助资金来看，2018年户均实际补助收入为1314.19元，相比2017年还减少了2034.81元。

在森林抚育补助政策方面，其补助标准历年为1500元/公顷，而样本户近三年期望标准则分别达到了6755.6元/公顷（2016年）、10279.5元/公顷（2017年）和5850元/公顷（2018年）。从样本户实际获得补助资金来看，2018年户均实际补助为19936元，相比2017年增加了16750.2元。由此可见，现有的补助标准远未达到样本户的需求。

2.专业组织承包模式

专业组织承包模式是以当地的造林专业合作社等专业合作组织为载体，申请各级政府的造林和森林抚育任务。该模式的出现主要有两个原因：一是浙江省本地劳动力成本不断提高，而且劳动力的进城务工造成农村营林劳动力的供给稀缺，需通过专业组织发挥规模经济和专业化优势，解决劳动力要素稀缺的问题；二是浙江省集体林权制度改革后，山林分山到户，部分地区农户山林面积分散，且面积较小，造林、抚育等补助项目实施成本较高，需采取专业组织承包模式以期降低成本。

专业组织承包模式将复杂的工作具体化，由专业组织承包一定面积的造林和抚育任务，并将任务分解到各个施工小组，能有效提高森林抚育管理效率，确保工程按时完成并达到既定效果。由专业组织负责人签订书面合同，合同明确要完成的任务、造林面积、造林标准及要求、抚育的作业设计面积和作业要求、资金发放等条款，约束合同双方的行为。专业队的承包权以投标的形式获得，经过投标申请，在林场和专业组织负责人之间达成双方认可的标的额，签订合同后双方的交易正式生效。专业组织的造林或森林抚育任务完成后需要接受林场、乡（镇）林业站、县（市、区）林业局、省林业局等林业部门的检查，任务确定后专业队可获得40%的补助资金，经验收通过后获得另外60%的补助资金。另外，通过“林场管理+地方参与”的模式能够更好地组织开展培训，现场统一指挥、统一组织劳动力，同时还能够统一造林和抚育的执行标准以及完成时限，确保有明确的时限、质量、责任等硬性规定。

通过调查监测发现，专业组织模式主要出现在建德市的航头镇，在该镇抽取3～8个专业组织进行跟踪调查。调查发现，专业组织会将全部林业补助资金用于林业生产，主要是购买种子、化肥等，租赁和使用林业机械，租赁更多的林地。以2018年为例，专业队在2018年平均造林投入257.6个工日，造林一般在6月提出申请；森林抚育主要是割灌除草和间伐，一般在9月提出申请，抚育时间在3～4月，专业队2018年平均抚育投入约363个工日。

3.村集体统一承包模式

村集体统一承包这一模式主要出现在国家级生态公益林补偿项目中，是指村集体统一承包经营国家级生态公益林，以更好地对国家级生态公益林进行营造、抚育、保护和管理。中央财政补偿基金主要用于公益林管护人员购买劳务、建立森林资源档案、森林防火、林业有害生物防治、补植、抚育以及其他相关支出。生态公益林补偿的全国标准为每年每亩5元，其中4.75元用于集体的管护等开支；0.25元由省级财政部门列支，用于省级林业主管部门组织开展的重点公益林管护情况检查验收、跨重点公益林区域开设防火隔离带等森林火灾预防以及维护林区道路的开支。

在监测调查过程中，开化县和建德市均有样本户参与了村集体统一承包模式，参与者主要是家中有划入公益林、由村集体统一管护森林的样本户。参与村集体统一承包模式的样本户：2018年户均补偿面积为136.19亩，户均实际获得补偿总额为5260.62元，与2017年总体相差不大，而样本户期望的补偿标准316.12元/亩，远高于现有实施的补偿标准，说明样本户对公益林政策实施后林地收益权的损失补偿仍然不满意①。

三、林业补助政策实施成效分析

（一）国有林林业补助政策成效分析

1.提高了国有林场职工对林业补助政策的认知度

浙江省的调查监测表明，尽管林业补助工作还存在着一定的不足，但试点工作已经取得了一些成就。大部分国有林场样本职工对林业补助政策的执行效果较满意，认为“政策执行效果非常好”或“政策执行效果较好”的历年合计比例达70%以上，说明中央财政林业补助政策实施取得了效果，获得了基层群众的认可。详细数据情况见图3.10。

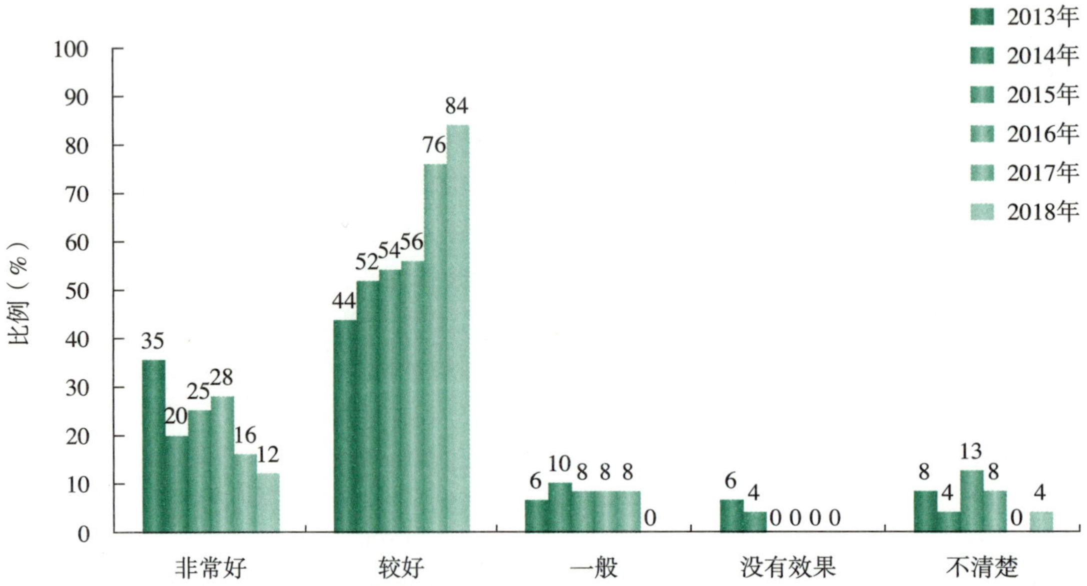

图3.10 开化县国有林场样本职工对林业补助政策执行情况的评价

① 本部分农户的生态公益林补偿资金包括了省级生态公益林补偿政策部分。2018年，浙江省级以上公益林最低补偿标准为465元/公顷，源头县及省级以上自然保护区最低补偿标准为600元/公顷，其中管护支出提高到了75元/公顷。

实地调研发现，林业政策的宣传力度得到了加强（图3.11）。林业补助政策在浙江省已实施了近10年，调研数据显示大部分样本职工表示了解或基本了解林业补助政策，但也有部分样本职工（2014年比例最高为40%，但到2018年该部分比例下降到8%）表示对林业补助政策不了解，而进一步询问“为何不了解林业补助”时，半数样本职工表示是因为“没有公告或通知”，他们认为补助资金发放到位对他们而言是最实际的政策激励，而对具体政策内容则并不关心。

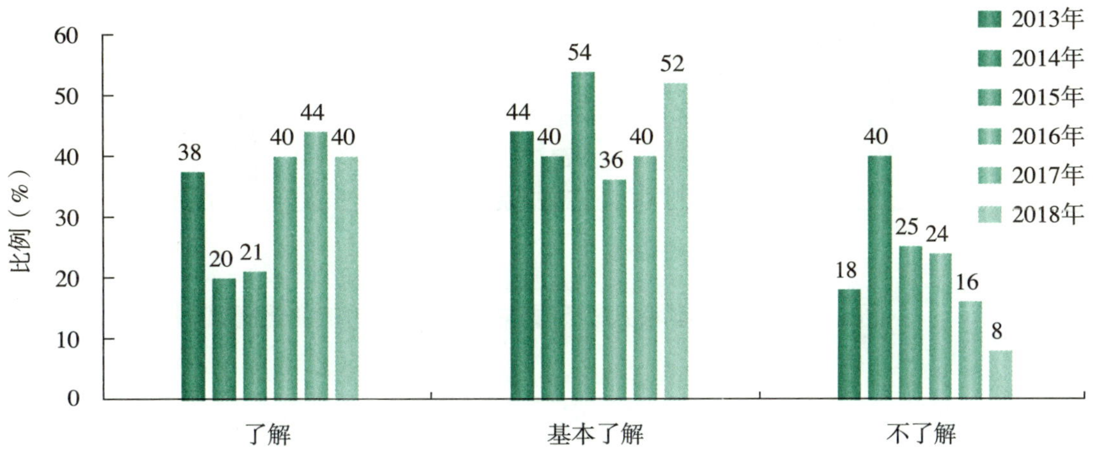

图3.11　林场样本职工对林业补助政策的认知度情况

2. 职工和地方劳动力的营林投入持续稳定

林业补助政策实施后，大部分样本职工增加了营林方面的投入，用来购买林业生产所需的化肥、农药和种苗等，以提高森林经营质量。其中，2014—2018年基本保持稳定，近6年平均75.2%的样本职工表示增加了林业投入；平均仅有8.8%和16%的样本职工表示林业投入有减少或者不变。其中，2018年4.1%的样本职工表示林业投入减少，该比例相比2017年和2016年分别下降了0.2%和8.9%，25%的样本职工基本没有改变投入情况，相比2017年和2016年分别上升了7.7%和20.6%，这可能与林业的投入特点有关，不需要每年大强度投入，集中在初始阶段，成林后投入稳定相对会少一些，具体比例情况见图3.12。

3. 严格作业设计规程和强化营林培训，提升资源保护管理水平

国家林草局规定除一般造林外，所有造林均需作业设计和审批，且要按照国家统一要求进行作业设计，否则视为造林质量不合格。在开化县国有林场中，大多数的样本职工知道在抚育任务或造林补助任务中有作业设计要求，样本职工表示国有林场会按照国家要求进行作业设计。为了更好地提高森林质量，国有林场不但要严格制定营林作业设计，还要对参与者做好相关培训工作。2013—2018年样本林场都有组织抚育或造林作业的培训，数据显示，近6年间平均62.5%的样本职工都表示参加了抚育或造林作业的培训，每年参与培训情况稳定，职工参与培训的积极性逐年在提高，原因是开化县国有林场对职工进行了督促工作，具体情况见图3.13。

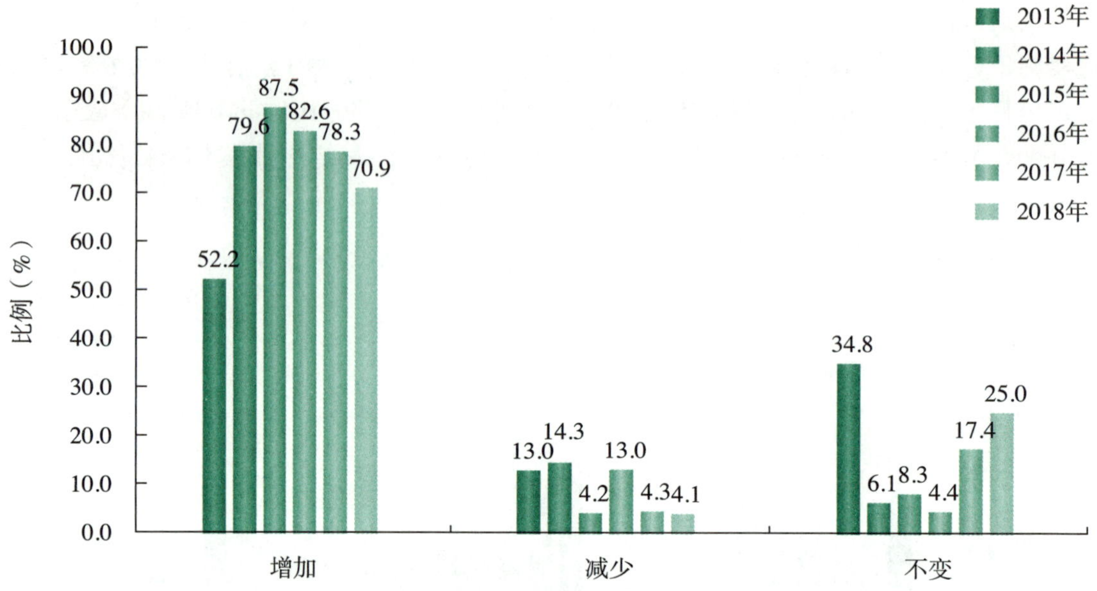

图3.12　林场样本职工对于营林投入变化评价的变化情况

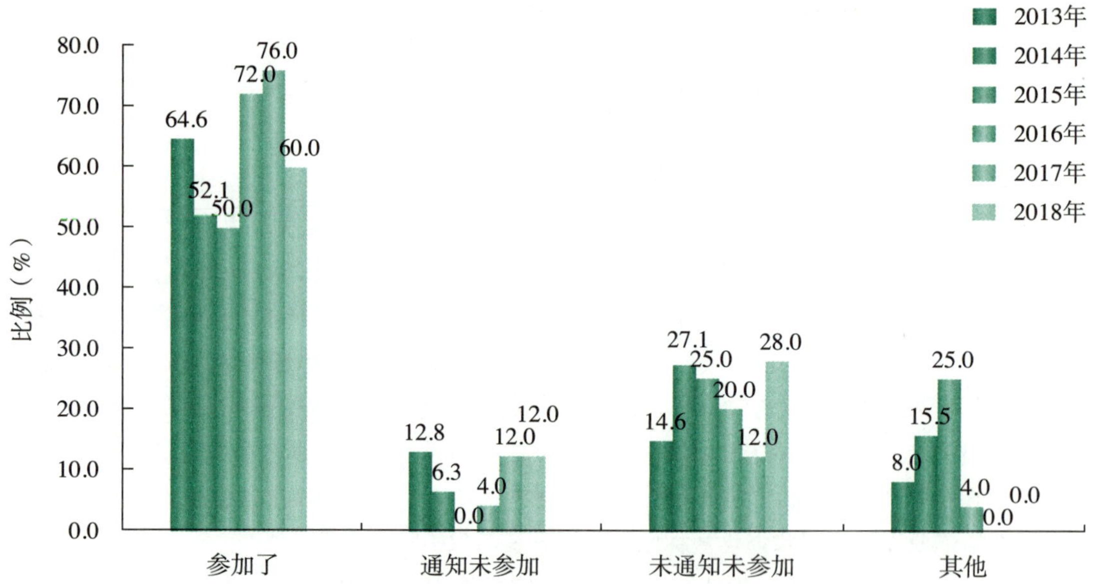

图3.13　样本职工参与林业补助项目作业设计培训的变化情况

在森林抚育工作或造林施工中，国有林场都会有技术跟班作业，以保证树木种植的质量要求。近三年分别有75.0%、50.0%、95.0%的林场样本职工表示林场能认真进行跟班作业（图3.14）。2017年和2018年无技术人员跟班作业的比例从2016年的0%上升到了19.0%和16.6%。除跟班作业之外，在森林抚育工作或造林工作结束后，还有验收工作，确保种植的树木达到项目计划要求。同时，相关部门加大了对跟班作业人员的监管力度，并提

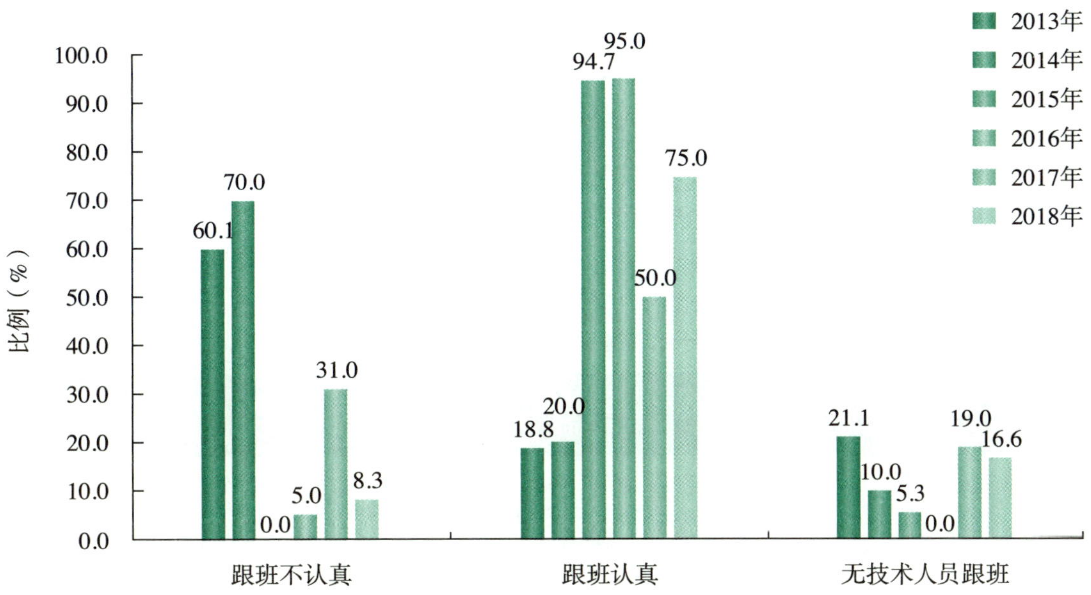

图3.14　样本职工反映林场补助项目跟班作业情况的

供技术人员的支持，保证作业的质量提高。在调查中，国有林场验收工作到位，历年平均58.9%的样本职工表示参加抚育或造林项目的地块均有检查验收，且工作态度认真。

4.增加森林资源数量，提高资源质量，有效减少营林风险

森林抚育补助或造林补助政策，通过采取科学有效的造林或森林抚育措施，提高了国有林场森林质量和森林经营水平，开化县国有林场的森林蓄积量逐年上升，到2018年该林场的森林蓄积量达到1524271立方米（图3.15）。

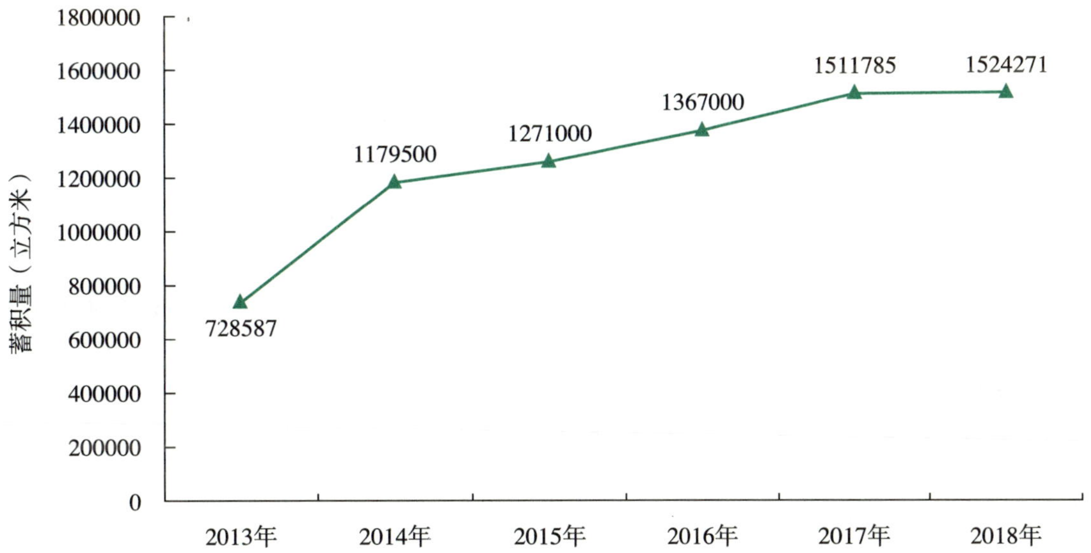

图3.15　2013—2018年开化县国有林场森林蓄积量变化

历年开化县国有林场的造林和抚育情况见表3.14。2018年，开化林场新增造林面积539公顷，相比2017年有所增加，且全部通过验收。新造林的树种主要是乔木林，在造林施工中，开化林场严格制定施工方案，组织当地的农民与专业队承担造林施工作业。2018年开化林场的造林补助为96万元，比2017年增长了33.4万元。林场通过中央财政造林补助试点项目增加了造林面积，并通过森林抚育补助提高森林质量，提高了林场营林资源的数量和质量。

表3.14　2013—2018年开化县国有林场的国家造林和抚育补助项目实施情况

年份	造林面积（公顷）	验收保存面积（公顷）	抚育面积（公顷）	作业设计面积（公顷）	造林补助（万元）	抚育补助（万元）
2013	133.33	133.33	666.67	666.67	133.33	133.33
2014	200	200	869.87	869.87	9.10	130.48
2015	1085	1085	6375	6375	10.9	63.8
2016	1299	1299	5130	5130	0	97
2017	68.7	68.7	143.6	143.6	62.6	43.1
2018	539	539			96	

（二）集体林林业补助政策成效分析

调查发现，林业补助政策在近些年的实践过程中受到广大样本户的欢迎，提高了大部分样本户营造林的积极性，取得了明显成效，主要体现在有效提升了补助户的营林收入、投入和意愿上，具体情况如下。

1.补助户林业收入优势明显

建德市和开化县都是浙江省林业重点县市，由于林业补助政策的有效实施，以及习近平总书记“绿水青山就是金山银山”的理念引领下，林农的生产积极性日益受到鼓舞。通过对样本补助户和非补助户对比分析发现，2017—2018年两县（市）林业补助户的营林收入均高于非补助户，其中2018年建德市补助户的户均营林总收入达到1万元，是非补助户的10倍；开化县补助户的户均营林总收入为1.8万元，是非补助户的2倍（图3.16）。以上数据证实，即使受林业生产周期性的影响，两县（市）补助户的营林收入仍有明显优势，林业补助政策在提高农户营林积极性上的确具有很强的激励作用，在林业补助政策的刺激下，补助户愿意投入更多的资金在营林生产中从而获得了更多的收入回报。

2.激励农户营林生产和投入

监测调查发现，大部分样本户收到林业补助资金后，主要用于增加营林投入，也有部分样本户将林业补助资金用于其他家庭开支以缓解经济压力。在补助资金实际用途方面，当前林农主要将其投入营林生产、农业生产和生活开支等方面，占比最大的是投入营林生产，2014年最多达到96%；其次作为生活开支消费，该项占比2016年最高为17%；大约5%以下的样本户将补助投入到农业生产，2018年最高为8%；剩余则为其他用途或未使用

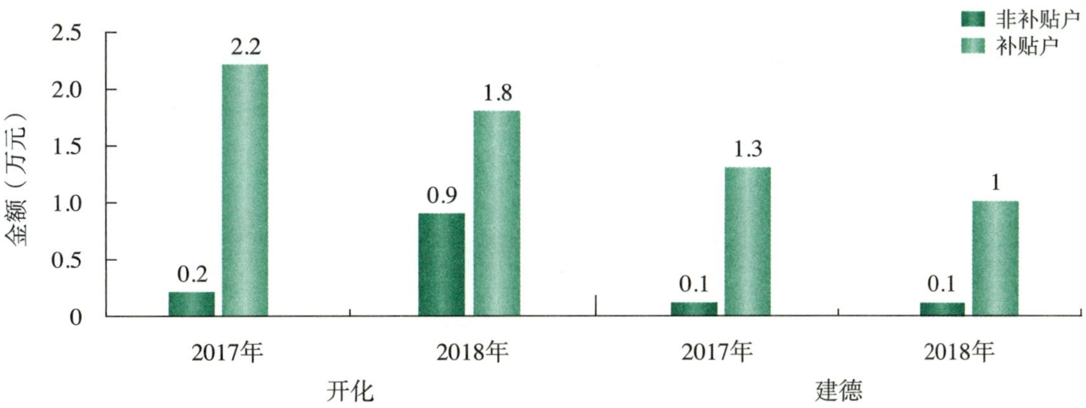

图3.16 2017和2018年建德、开化补助户与非补助户营林收入对比

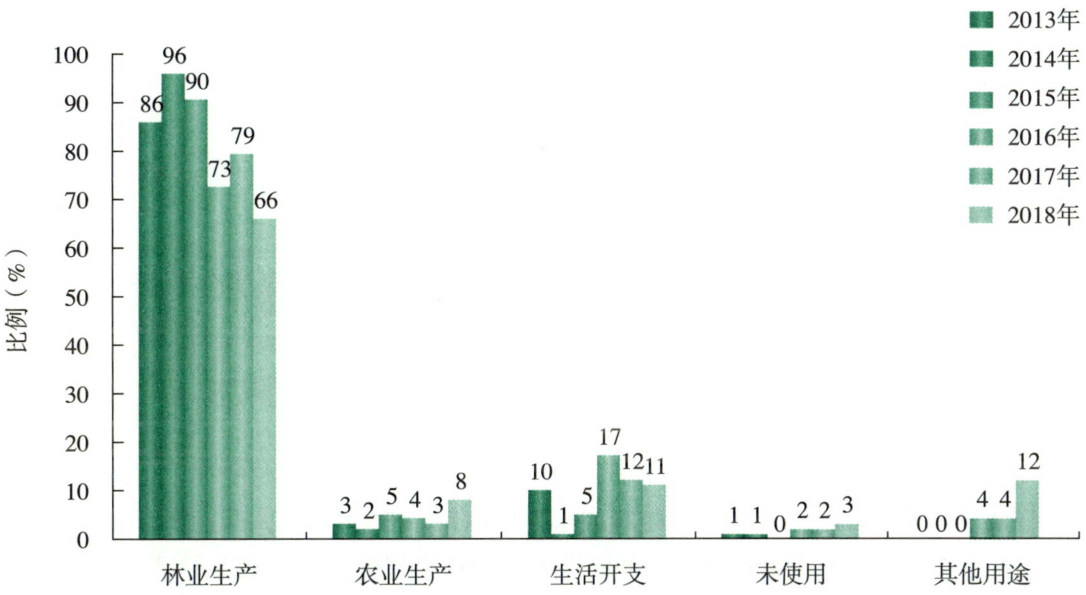

图3.17 样本户林业补助用途对比情况

（图3.17）。近3年来，林业补助用途在投入林业生产的比例变化与投入生活开支的比例变化恰好呈相反方向。

通过对2014—2018年样本户山林经营投入情况的监测调查（表3.15），对比补助户与非补助户的营林投入，发现两者营林投入的差距较大，2018年补助户户均营林投入为非补助户的4.37倍。这体现了林业补助政策对案例点地区林农增加营林投入的显著激励作用。

调研还发现，在林业补助资金持续上升的前提下，大多数补助户表示自身在经营山林

表3.15 2014—2018年样本户户均山林经营投入情况

元

年份	补助户户均营林投入	非补助户户均营林投入
2014	14410.60	3919.63
2015	55701.90	33011.97
2016	13042.55	11408.89
2017	34487.72	2765.69
2018	58140.28	13292.27

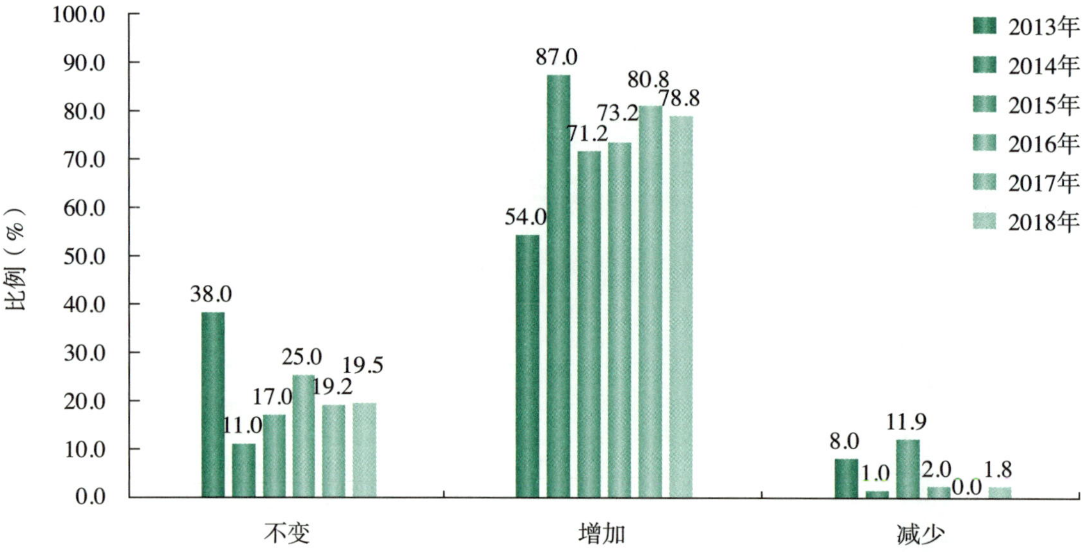

图3.18 补助户获得补助后自身营林投入的变化意愿情况

上的经费投入将继续增加，2014年与2017年分别达到87.0%和80.8%；其次，部分补助户表示会维持原先的投入资金不变，该部分样本户2018年相比2013年减少了18.5%；平均仅有4.1%的补助户表示会减少自身现有营林投入，详情见图3.18。以上情况表明林业补助对林农从事林业生产具有高效的激励作用，林业补助的发放能够促使林农在原有基础上进一步提升营林投入，从而提高营林质量。

3.补助资金的发放规范、便捷

林业补助资金的具体发放形式有银行卡转账、现金支付两种。农户收到补助的时间则由当地林业补助拨发时间、拨发方式、发放渠道等多重因素共同决定。调查发现，银行卡途径发放林业补助是最主要的发放形式，2018年比例高达85%，近六年基本保持稳定；其次是现金发放途径，占比为12%，历年变化不明显；其他发放形式（3%）主要为存折发放以及种苗和化肥的实物发放（图3.19）。样本户们表示高效、便捷的发放渠道进一步提

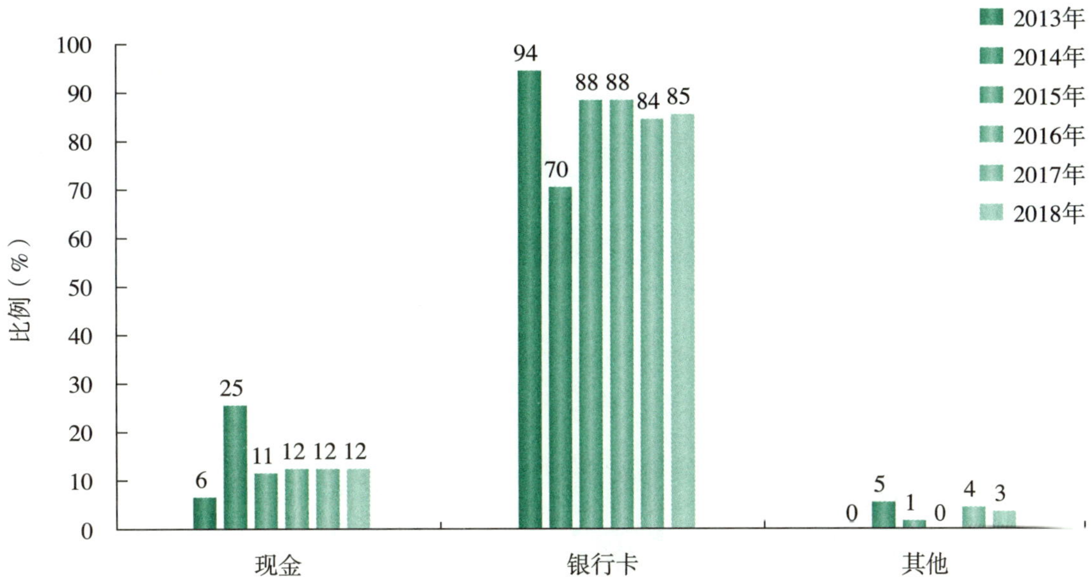

图3.19　林业补助发放形式的变化情况

高了林农经营的信心，很多样本户表示若林业补助政策能进一步持续，他们愿意进一步增加林业投入，改善林地经营质量。

四、林业补助政策存在的问题分析

（一）不同类型林业补助的共性问题

1.林业补助种类较为单一

从调研中发现，样本户获得的林业补助类型普遍单一。以2018年为例，在建德和开化两个样本县市113户补助户中，享有一种补助的样本户最多，有81户，占到了71.7%；享有两种及以上补助的样本户有10户，占8.9%。在享有一种补助的样本户中，生态公益林补助政策涉及面最广，占所有补助户的70%（图3.20）。

2.政策实施缺乏区域性差异

现行的林业补助标准是全国统一，但是由于各地区经济发展情况不一致，导致政策实施效果也不一样。即使相同的补助额度对不同地区的林业经营激励效果也存在差异，南方地区的劳动力成本普遍高于中西部地区。在浙江省，每公顷的造林和抚育补助资金不够补偿一个工日的劳动工成本，因此，补助对农户的激励效果仍然有限。只有强化政策支持，才能更好地扶持林业这类弱势产业。开化和建德的补助金额和营林成本存在较大的差距，开化的补助金额普遍少于建德，营林成本大于建德。

另一方面，根据国家林业和草原局的要求，在森林抚育方面采取卫生伐（间伐），但卫生伐（间伐）对北方效果较好，大面积和大量的间伐和卫生伐不符合南方实际，南方雨水充足，杂草生长快，需要除草割灌措施，农民也习惯用除草割灌来代替间伐和卫生伐，

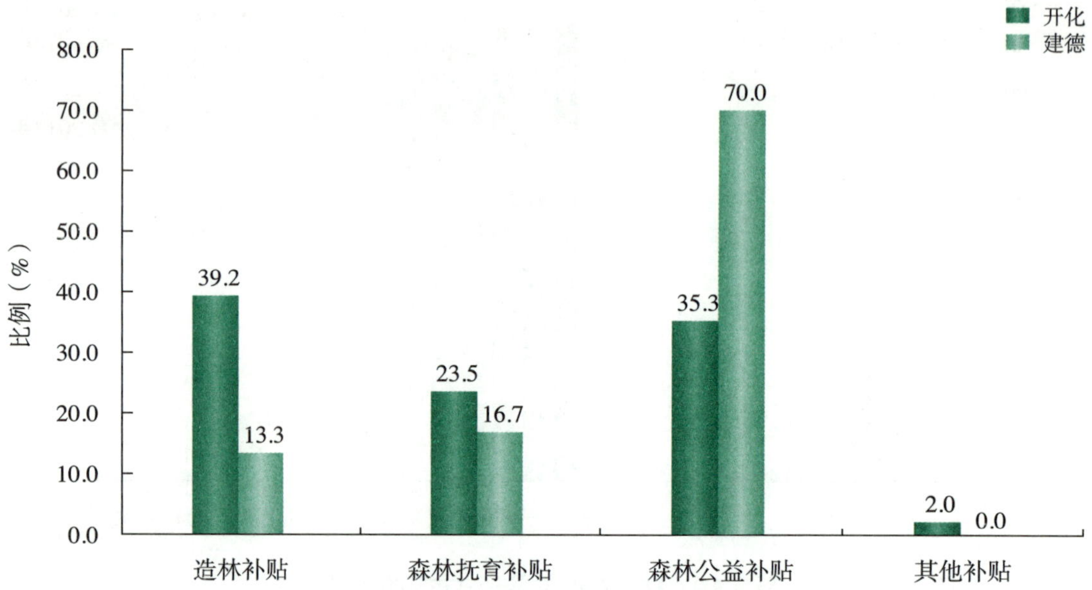

图3.20 样本县只享受一种补助政策的样本户各类林业补助部分情况

效果更加明显。

3.补助标准低且验收要求高

浙江省造林补助（荒山造林）为4500元/公顷，其中中央财政3000元/公顷，省里配套1500元/公顷。同时，迹地更新造林和抚育补助标准则为1500元/公顷。虽然从总量而言，政府已投入较多财力支持营林，但实地调研反映，按照中央财政造林和抚育项目的技术规程要求，政府的财政补助不到造林和抚育成本的20%。以2018年为例，在监测的253户样本户中，59.7%的样本户对现行的各项补助标准持满意态度，但仍有4.3%的样本户不满意现有补助标准。同时，现行中央财政补助资金标准已经实施多年，缺少根据不同地区营林成本进行相应的动态调整，难以跟上快速增长的营林成本，难以实现激励林业经营主体营林积极性的政策目标。

另一方面，现行的补助标准较低，但验收标准却远超其同等水平的要求。调查发现，现有造林和抚育补助标准均为都是1500元/公顷，而根据实地调研的情况，为达到验收目标，2018年户均营林总投入达到了27713.3元/公顷。

4.农户对林业补助政策的认知尚需提升

农户调查数据显示，针对没有享受林业补助的农户宣传工作仍需提升。近六年来非补助户表示对林业补助政策了解的平均比例仅占9.1%，而对林业补助政策不了解的比例逐年递增，2018年达到了87.9%（图3.21），表明如何让普通农户了解认识林业补助政策，从而让更多的农户参与到林业补助项目中来仍然任重道远。

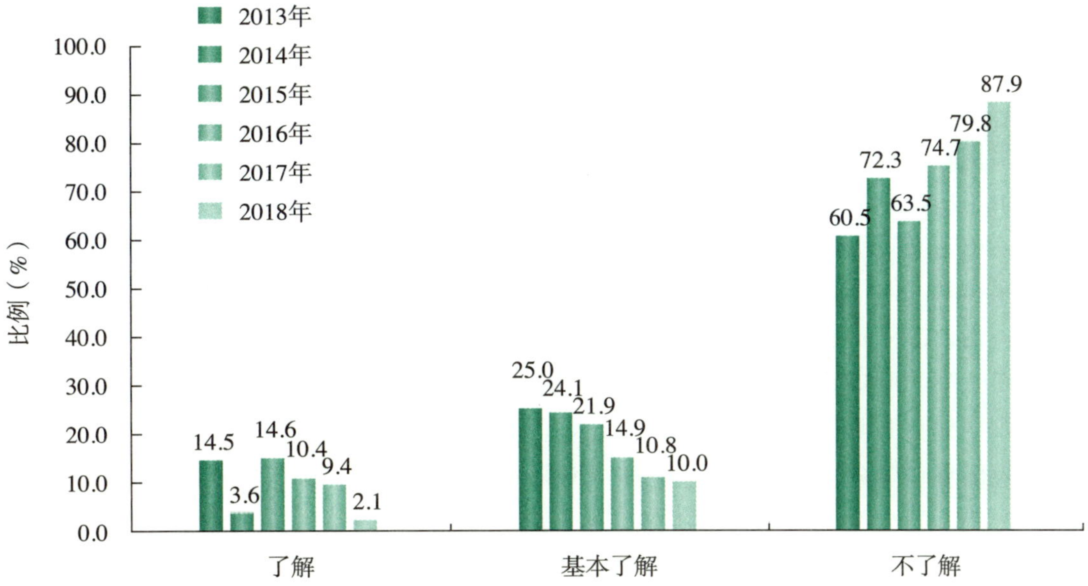

图3.21 非补助户对林业补助政策了解程度的变化

（二）不同类型林业补助政策的差异性问题

1.造林补助政策对小规模农户扶持力度不足，资金拨付方式难以适应营林生产特点

各县（市、区）林业部门在确定补助对象时，由于考虑到验收方便、项目实施完成效率等原因，造林补助政策往往安排给面积大、投入多的规模户；而对于小规模户，享受造林补助政策的数量仍然有限。以2017年和2018年为例，调查显示：小规模经营且获得了造林补助的样本户仅占22.5%和19.4%①（表3.16）。

表3.16 样本户经营规模与是否享受林业补助政策的交叉统计

年份	项 目	小规模经营农户数量（户）	所占比例（%）	中规模经营农户数量（户）	所占比例（%）	大规模经营农户数量（户）	所占比例（%）
2017	获得补助农户	16	22.5	24	33.8	31	43.7
	未获得补助农户	99	56.9	46	26.4	29	16.7
	合 计	115	—	70	—	60	—
2018	获得补助农户	27	19.4	11	24.4	31	47.0
	未获得补助农户	112	80.6	34	75.6	35	53.0
	合 计	139	—	45	—	66	—

① 目前对于大小规模经营的标准没有明晰的界定。浙江省山林户均面积3.5公顷，本报告中，在浙江省一般林地经营面积小于1公顷为“小规模经营”，1～3公顷为“中等规模经营”，经营面积3公顷以上为“规模经营”。

其次，造林补助资金拨付方式难以适应营林生产特点。中央财政一次性拨付造林补助资金到省，省级财政根据项目实施情况再分两次（造林前和验收后）拨付到（县）市，根据调查，造林补助项目计划下达一般在每年的7～8月，而项目到次年的2～3月才能完成，造林项目横跨时间长，这在一定程度上影响了资金拨付的时效性，弱化了造林补助的激励效果。由于造林开始只收到一部分补助资金，因此该政策无法在造林前期投入最大的时候起到“雪中送炭”的作用，同时，补助资金在很大程度上也并不能弥补造林成本（2018年浙江省重点林区造林和抚育平均成本分别达8396.7元/亩和5442.75元/亩，中央和省级财政补助仅占当地造林成本的35.73%），因此对农户的激励作用有限。

2. 商业保险机构对森林保险积极性不高，商品林保险保费补助低

对森林保险的调查表明（图3.22），大多数样本户表示需要森林保险，并且愿意缴纳一定比例的森林保险保费，样本户愿意承担森林保险保费的比例在10%以下居多，愿意承担10%～30%或30%以上森林保险保费的占比较少。不愿意缴纳森林保险保费的样本户在2018年的占比最高，为55.7%，由此可见农户自身可以负担的森林保险保费有限，若推广林业保险需要政府和外部市场提供相应保费补贴和相应便利的保险服务。

但另一方面，作为森林保险的供给方，商业保险机构对森林保险业务的积极性并不高。主要原因包括：①保费低。目前实施的森林保险费率低于科学测算的风险最低区域费率，较大程度地损害了保险经营机构的商业利益和积极性。目前浙江省的相关森林保险费率在0.6%～1%之间，相关保险费率需提升至3%～6%才能保证保险经营机构的商业利益和积极性。②商业保险经营成本大。由于林区往往地处偏僻，山高地广，交通困难，开展宣传和收取保费等都存在困难。③查勘、定损等理赔流程复杂。由于林地状况、树种、林龄等情况复杂，森林保险存在承保、查勘、定损难度大，造成理赔流程复杂，因此需要林业背景的专业技术人员参与或相关部门配合，这又给商业保险公司开展相关业务带来了巨大挑战。

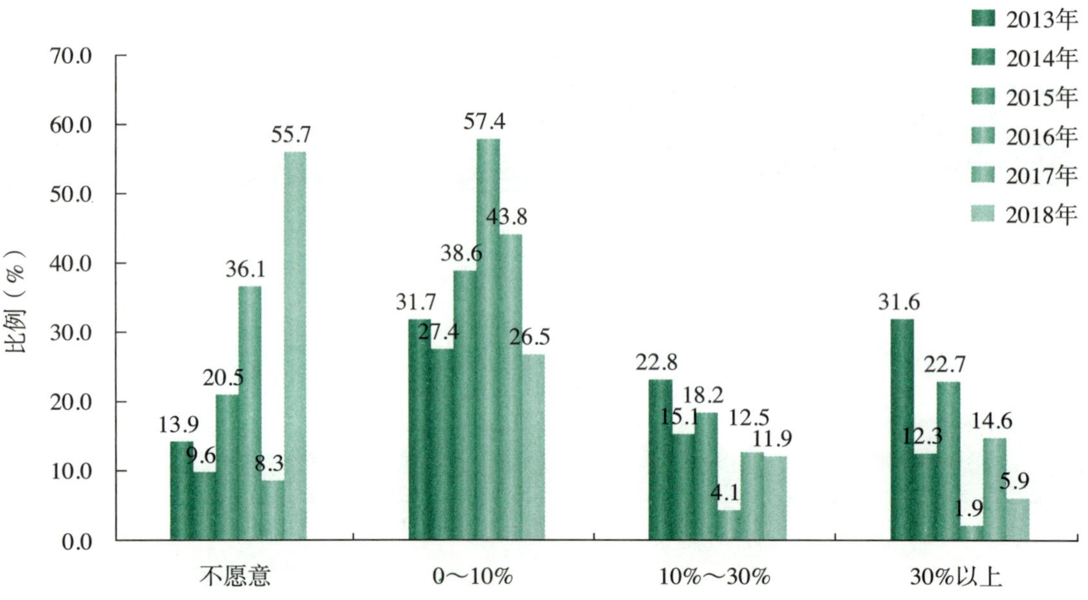

图3.22　样本户愿意缴纳森林保险保费比例的分布情况

五、林业补助政策的政策需求与建议

（一）林业补助政策的需求和认知分析

1.提高林业补助标准成为农户的主要诉求

样本户享受到的中央财政林业补助项目标准依然不高，而营林生产成本尤其是劳动力成本却逐年增加。在对推进林业补助政策建议的调查中，提高补助标准是受访者认为最主要、最有效的措施（图3.23）。

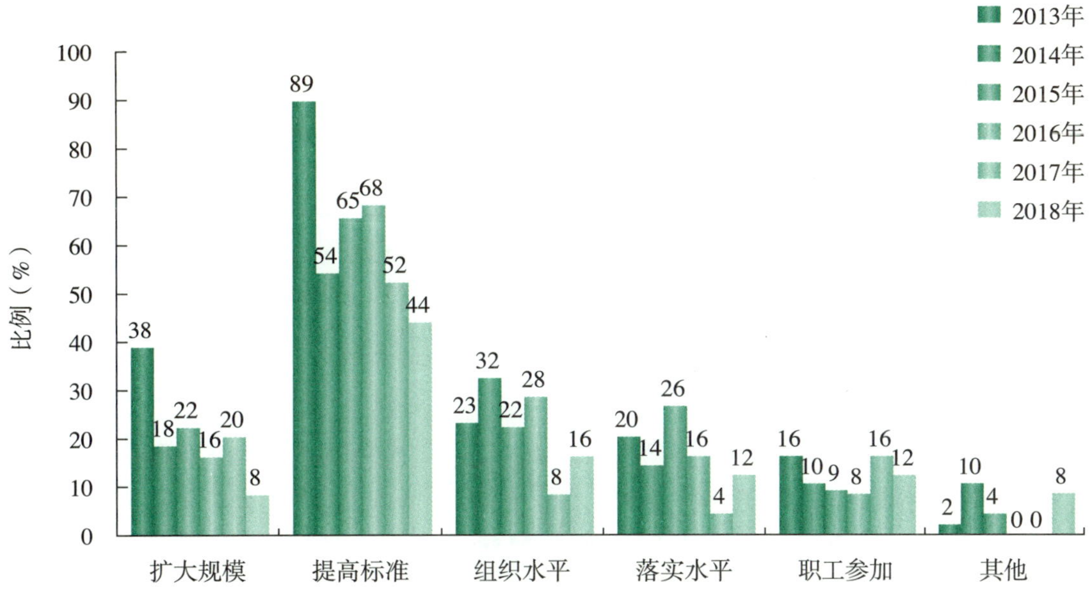

图3.23　样本户对推进林业补助政策建议的分布

2.国有林政策实施主体以林场为主，集体林政策实施主体仍需要考虑普通户

对国有林场造林、抚育任务承担主体的调查发现，林场是最佳承担主体（80%以上的受访者选择了林场作为林业补助政策的最佳承担主体），这与浙江省“林场主导+地方参与”的造林、森林抚育实施模式相符，也体现出“林场主导”的优势。一方面，由于营林成本的不断上涨，样本职工和样本农户希望林业补助资金直接下发到林场，由林场组织实施更为有效；另一方面，林场的主要责任就是造林和营林，对森林进行长期的、持续的管护。对集体林造林、森林抚育等享有林业补助政策的营林实施主体，大多数样本户认为普通散户最应该作为林补政策的实施主体，2013年和2014年分别达到91%和95%（图3.24）。

3.林权流入经营方应享受林业补助政策

而对于已流转了林地使用权的林地，样本农户和样本职工都反映更倾向于将林业补助发放给流转后的经营主体。调查数据显示，近六年平均有61.33%的林场职工认为补助给流转后的经营主体是合理的，且流转后经营主体平均收益应占收益分配的一半以上（图3.25）。林场职工认为应该“谁造林，谁拿补助”，林地流转出去后，原有的经营主

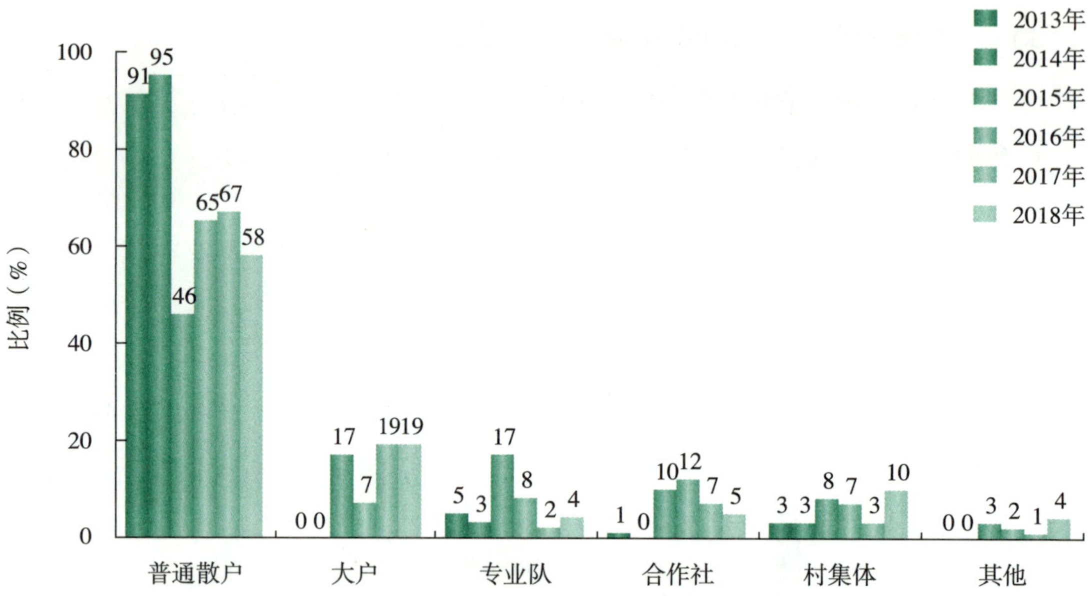

图3.24 补助户对政策实施主体的选择

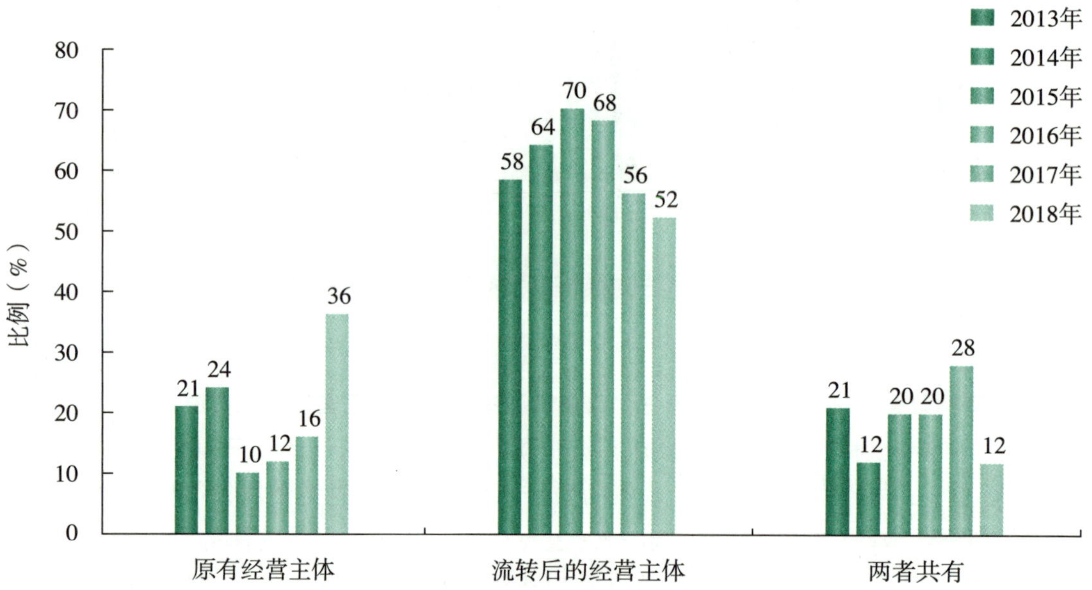

图3.25 职工对林业补助利益分配的认知对比

体只收取租金，不用付出任何劳动，不应享受林业补助。而作为林地的实际经营者，流转后的经营主体需担负一定的营林成本，并且承担着自然、社会等因素可能带来的风险，更应享受中央财政林业补助，这也符合林业补助政策的目标。

4.提升林农营林积极性最有效的补助方式是根据山林面积直补

根据调查发现，样本户普遍认为按照经营山林面积进行直接补助的措施对提高林农积极性最有效，其占比最高，历年平均占比达到68.27%；其次是按生态效益补偿，补偿所有山林对林农的积极性也有一定的促进作用，而对种苗、化肥、农药、农机等进行补助的措施占比较小，占比达到8.42%（图3.26）。

5.林业补助政策落实需要信息公开和加强技术指导

根据对职工的调查（图3.27），为了更加规范高效地实施林业补助政策，大部分林场职工的首选建议是政策和信息公示监督和加强技术培训，近六年平均比例达到58.67%和58.00%。政府和信息公开有利于保障农户获取政府信息，保障农户知情权，利于政策的推进和实施，加强技术培训可提升农户的技能水平，促进新品种、新技术的推广应用与农户增收。

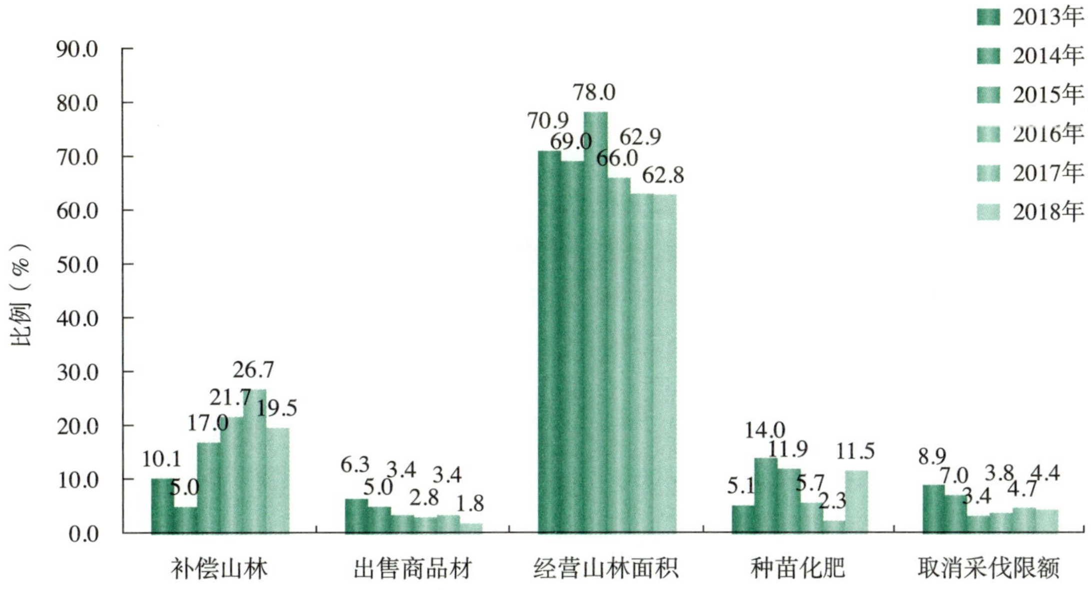

图3.26 农户对如何调动营林积极性的林业补助方式选择评价

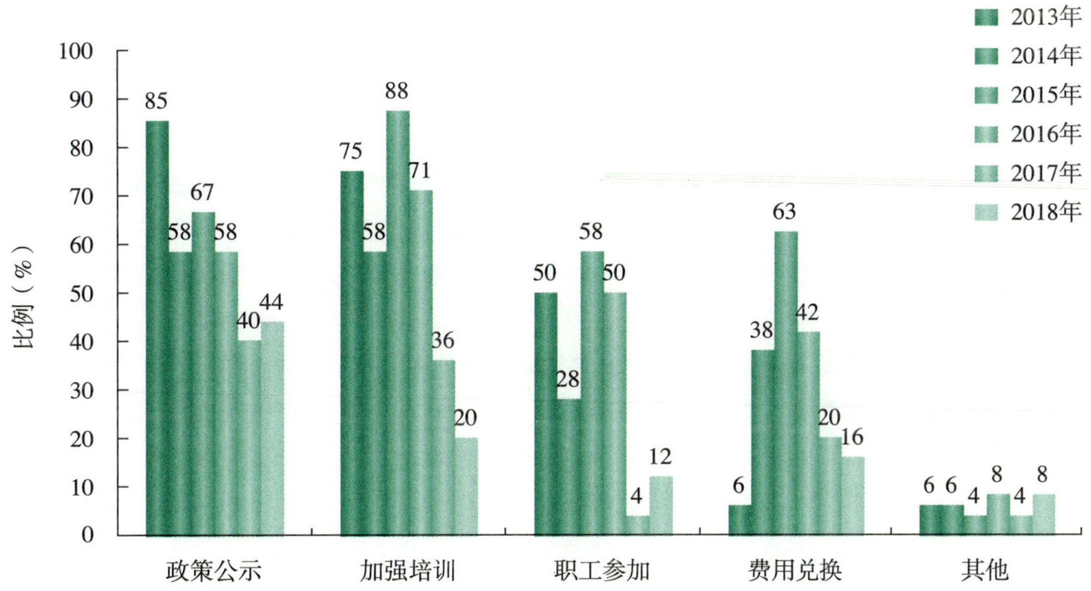

图3.27 林场样本职工对造林或抚育补助项目保障措施的选择评价

（二）完善中央财政林业补助政策的建议

1.提高林业补助标准，推动林业补助类型向多元化转变

目前，中央财政林业补助中的造林补助和森林抚育补助分别为3000元/公顷（人工营造，乔木林和木本油料林补助）和1500元/公顷，2018年浙江省重点林区造林和抚育平均成本分别达8396.7元/亩、5442.75元/亩，中央和省级财政补助仅占当地造林和抚育成本的35.73%和27.56%。

根据上面的政策需求调研，建议改变目前低标准广范围的局面，在财政资金有限的条件下首先要适度提高标准，待财政支持增加后再拓展实施范围。国外政府林业补助占营林成本的比例大多在40%～65%之间，建议借鉴国外支持政策，实施与林业生产成本挂钩的动态化林业补助标准。该标准可以3～5年作为一个调整周期，5～10年内实现中央财政按不同地区营林成本20%～30%予以补助的目标。同时，针对国内不同地区社会经济状况、营林成本差异的局面，建立区域差异性林业补助标准体系，改变传统中央财政林业补助标准“一刀切”局面，在物价水平较高地区的补助标准应高于平均水平，在有条件的省、地（市）级财政按照营林成本的20%左右进行配套。

对于现有林业补助类型较单一的问题，建议在财政资金充裕情况下优化林业补助类型，将补助类型从单纯的营林生产过程延伸到林业的全产业链，以满足林业功能定位转型的需求，如林业基础设施建设（林道、小型林业机械、小型灌溉设施）、林业社会化服务（林产品电子商务、林业科技采用、生态化经营）等方面。同时，针对部分补助政策拓展实施对象。如森林抚育政策范围仅限于生态公益林，难以调动经营者商品林抚育的积极性，南方集体林区用材林中幼林亟需的抚育量大，且能够产生收益，建议将商品林纳入到抚育补助范围，以实现“双增”目标。

2.完善专业队和大户承包等新型林业补助政策实施模式，提升补助政策实施效率

国有林场为了降低组织造林、森林抚育的管理成本，在接收造林和森林抚育任务后，雇佣当地营林组织（专业队）开展具体实施，林场主要负责管理和验收工作，负责组织培训、统一设计、统一作业等管理。该模式既能解决国有林场改制后劳动力不足的问题，又由市场的优胜劣汰机制促使营林组织（专业队）向专业化发展。

对于集体林的造林和森林抚育等营林任务，应发挥大户承包的适度规模优势，鼓励成立具有专业资质的造林、抚育专业队伍和承包大户。在具体实施中，由相关部门通过招投标形式确定实施主体；在管理上，组织建立造林、森林抚育专业队和承包大户资质培训体系，为通过培训考核的专业队和承包大户授予专业资质，设置林业补助项目的实施主体备案制，明确只有通过资质的专业队伍和承包大户可申请政府林业补助项目。

3.以“普惠+特惠”相结合，拓展林业补助政策受益面

集体林权制度改革后，农户成为森林经营主体，林业生产的长周期性决定了普通农户从事林业生产经营活动更需要政策的引导和扶持。针对目前规模经营主体获得补助多而普通农户获得补助少的实际，为了保障补助政策实施的公平性，建议应明确用于普通农户的补助资金比例。同时，建立小规模农户专项小额贷款制度，提升集体林区普通农户营林积极性。同时建议明确组织实施造林的主体，以地域连片的面积为单位进行申请，可通过普通农户与大户或企业等联合方式进行造林补助申请。

4.重视地域差异，完善林业补助资金地方监督管理机制

针对部分补助项目如造林、抚育补助项目技术管理规程欠合理、管理成本过高的实际，应尊重区域特色特别是南北方差异，在营林技术手段选择上重点把握原则性问题，具体细则应由地方根据实际情况自主选择。建议适度提高南方公益林抚育间伐技术强度，根据林分郁闭情况可以允许在15%～25%之间进行选择，便于森林抚育工作的开展；当地林业管理部门承担了项目的申报、监督和验收工作，管理成本高，因此，建议在补贴资金中安排一定比例的管理费用，以弥补管理成本和调动基层管理人员的积极性，强化监管督导检查，提高管理效率；建议对林业补助资金的使用和管理实行跟踪监督，对资金使用效率进行评估，并及时向社会公开评估结果。在合理合规使用资金的前提下，尽最大力量依托林业补助资金推进地方减贫，帮助山区实现经济社会和生态环境协调可持续发展，缩小地区差距。

5.由单一的宣传途径向多渠道政策信息宣传转变，提升林农认知度

针对农户认知度偏低的实际，应组织林业补助政策宣传手册编写，在基层通过手册发放、远程教育、农民信箱、广播、干部宣讲等多种形式进行宣传。具体实施中应重视“公平、公开、公正”原则，通过村“两委”讨论和村民代表大会确定补助户名单并给予公示；项目完成考核后，应对先进主体给予奖励并推广先进经验，提高地方开展林业补助项目的积极性。

（执笔人：朱臻　周隽　杨虹）

四川省报告

一、概　况

（一）监测背景

对林业生产环节进行相应补助，既是调动林业经营主体积极性的有效方式，也是确保森林资源总量增长的坚实保障；既是推进林业发展应对气候变化的重要手段，也是世界各国发展林业的普遍做法。为推进林业补助政策制度化、掌握中央财政林业补助政策的进展和成效，了解集体林区和国有林区开展林业补助的持续投入情况和政策评价状况，使之更科学、更具可操作性，同时不断完善现行的林业补助政策，以四川省为案例点，在2012—2018年连续7年开展了林业补助试点的政策调查和监测工作。中央财政林业补助政策效益监测项目于2012年首次在四川省实施，迄今已有7个年头。目前四川省已开展试点的林业补助政策项目包括造林补助、森林抚育补助、林木良种培育补助、森林保险保费补贴、退耕还林补助、天然林保护工程补助、公益林生态效益补偿等。

1.四川省林业补助政策整体执行情况

近年来四川省各项林业补助实施情况见表4.1。数据显示，四川省造林补助金额和覆盖面积增长趋势非常明显，2018年补助金额比监测初期（2012年）增长145.9%；而森林抚育补助金额受限于补助面积增长幅度不大，2018年比监测初期仅增长5.71%；林木良种培育补助和森林保险保费补助稳步增长，补助资金分别比监测初期增长了42.6%、40.5%。值得注意的是，森林保险补助虽然覆盖农户数量、覆盖林地面积下降，但补助标准提高。

表4.1　四川省林业各项补助落实情况

补助类型	年份	补助金额（万元）	覆盖面积（万亩）	涉及区域或农户情况	补助金额增长率（%）
造林补助	2012	8600	41	82个县（市、区）	—
	2018	21000	100.8	117个县（市、区）	145.9
森林抚育补助	2012	19836	175.3	120个县（市、区和森工局）	—
	2018	20970	174.75	120个县（市、区和森工局）	5.71
林木良种培育补助	2012	1430	—	10个林木良种基地	—
	2018	2030	—	—	42.6
森林保险保费补助	2012	13100	31700	942.09万户	—
	2018	18400	24400	247.85万户	40.5

注：“—”为数据缺失，补助金额增长率是2018年较2012年的增长情况。

2.四川省重要监测点林业补助执行情况

结合四川省情林情，本报告选取巴中市南江县为集体林区的典例，国有林区以眉山市洪雅县林场为典例。主要原因有：南江县林业经济发展情况较好，为四川省现代林业建设示范县；洪雅林场是四川省国有大型林场，全国重点林场之一。两者均有较强的代表性。

（1）集体林区——南江县林业补助执行情况

南江县是四川林业发展大县和多项政策试点县。南江县的林业补助主要包括造林补助、森林保险保费补助、森林抚育补助等。具体情况见表4.2。从表中统计可以看出，南江县林业补助资金总额从2012—2017年有逐步萎缩趋势，而到2018年因对退耕还林等闲置林地进行再造使得林业补助总额有极大的增长，这说明林业补助整体稳定性较差，尤其是造林和抚育受现实因素影响较大，经过多年的补助实施，造林和抚育面积也逐渐萎缩。另外，对于森林保险保费补助整体呈下降趋势，这主要缘由在于户均林地面积较少，且林地收入占家庭总收入比例较低，四川农户绝大多数不依靠林地产出，导致其森林参保意愿不足。

表4.2 2012—2018年南江县林业补助情况 万元

年份	林业补助总额	造林补助	森林抚育补助	森林保险保费补助
2012	762.6	126	360	388.67
2013	762.6	210	360	388.67
2014	631.92	100	360	251.92
2015	631.92	100	220	251.92
2016	671.92	0	420	251.92
2017	351.92	0	138	251.92
2018	4778.7	4643.77	0	134.93

（2）国有林区——洪雅林场补助执行情况

洪雅林场获得的各项中央财政林业补助情况见表4.3。

表4.3 2012—2018年洪雅林场林业补助情况 万元

年份	林业补助总额	林木良种培育补助	森林抚育补助	森林保险保费补助
2012	1290.78	20	—	71.58
2013	1376.48	40	128.7	71.58
2014	1376.48	85	180	71.58
2015	1376.48	115	120	8.85
2016	1915.34	115	120	58
2017	1754.04	115	72	58
2018	271	105	108	58

从表4.4可以看出洪雅林场的林木良种补助执行情况良好。基地总面积从2012年的3371.38亩增加到2018年的5009.98亩，增幅近50%。

整体而言，洪雅林场各项林业补助政策的实施较为良好，但自2017年国有林场完成改制后，林场在林业补助政策的实施中开始出现主体功能地位被弱化现象。

表4.4　2012—2018年洪雅林场林木良种培育建设情况

亩

年份	基地总面积	种子园	母树林	种子资源库	实验林
2012	3371.38	966.48	2279	71	54.9
2013	—	—	—	—	—
2014	5000	1500	2500	300	600
2015	9021.3	1265.6	5362.5	1342.2	1051
2016	9021.3	1265.6	5362.5	1342.2	1051
2017	8688.88	1256.28	5362.5	1322.1	739
2018	5009.98	966.48	3917.5	51.5	54.9

（二）监测方法

1.样本选择

四川省林业资源丰富，但人均林地面积较少，监测重点县人均林地只有3.5亩左右。样本的选择主要考虑了四川省几大地形区中林业资源的分布和林业发展情况。样本县的选择主要依据林业资源情况、林业发展状况、林业补助政策覆盖和地理状况等因素；样本林场或森工企业主要依据经营规模、营业情况、职工状况、补助项目承接等因素；样本村主要依据当地经济发展情况、距离县城路程、林业发展情况、林业补助政策是否覆盖、是否民族地区、农业劳动力情况等参考因素；样本农户主要依据享受补助政策情况等进行随机抽样；样本职工主要依据职位特征、层级、业务范围等因素抽取。

监测工作在固定一些选点的基础之上，依据监测需要适当进行调研点的调整，2012—2018年样本县和样本林场选择及变动情况见表4.5，收集有效问卷统计及分布情况见表4.6。

表4.5　四川省监测点样本选择情况

年份	样本县名称	样本县所属市（州）	样本林场	样本林场所属市（州）
2012年	南江、冕宁	巴中、凉山	洪雅林场、彭州林场	雅安、成都
2013年	南江、冕宁	巴中、凉山	洪雅林场、道孚林业局	雅安、甘孜
2014年	南江、冕宁	巴中、凉山	洪雅林场、道孚林业局	雅安、甘孜
2015年	南江、冕宁	巴中、凉山	洪雅林场、天全分局	雅安
2016年	南江、冕宁	巴中、凉山	洪雅林场、威远县林场	雅安、内江
2017年	南江、汉源	巴中、雅安	洪雅林场、开江林场	雅安、达州
2018年	南江、汉源	巴中、雅安	洪雅林场、开江林场	雅安、达州

表4.6 各年份有效问卷收集统计情况

份

年份	县级问卷	村级问卷	林农问卷	林场问卷	职工问卷
2012年	2	6	172	3	49
2013年	2	10	175	2	61
2014年	2	10	178	2	61
2015年	2	8	182	2	60
2016年	2	10	190	2	61
2017年	2	10	193	2	61
2018年	2	7	188	2	60

2.调查方法

调查方法主要采用农户问卷调查、关键信息人访谈、二手资料收集等方法。

（1）农户问卷调查

调查内容包括：①农户家庭基本情况；②参与林业补助农户参与林业补助的基本情况；③参加林业补助试点政策执行情况；④农户对林业补助政策评价；⑤林业补助政策建议。为提高访问工作效率和真实性，采取集中调研访谈，并要求调研对象准备身份证、户口本、林权证、一折通等材料，以真实反映家庭人力、林地资源、补助等情况。

（2）关键信息人访谈

主要是针对村干部，向其了解目前林业补助现状、相关政策情况、林业补助前后森林资源的变化、林业补助过程中遇到的困难、对林业补助政策的评价以及个人的观点和建议等。

（3）二手资料搜集

二手资料主要包括：①样本县林业补助总结材料，出台的相关政策；②样本县社会经济及森林资源清查数据、林业产业发展情况等；③样本村社会经济及自然资源状况总结、林业补助工作总结等。

3.分析方法

对问卷和访谈收集的数据资料进行整理，主要利用描述性统计分析的方法重点分析农户林业补助的实施情况、对林业补助政策的认知、政策评价及建议等。

4.数据说明

四川省林业补助效益监测项目调研数据直接来自于年度访谈调查，数据包括了省级、县级、村级、农户、林场五维层面。调研口径统一，包括以下几个方面：①家庭人口数量依据户口本信息确定；②家庭收入、支出以发生的实际现金额为准，自给自足部分不纳入统计；③家庭能源、燃料消费中村民烧柴量不计入统计范围；④2018年森林保险补贴不计入补助收入部分[①]。另外由于调研对象多为年龄较长者，或不清楚政策，或不进行林业经营决策，个别会出现林业补助金额缺失值，这样根据林业资源面积和相应补助标准进行换算得到。

① 森林保险保费补助政策，四川省部分试点县首次投保农户，农户自缴部分政府代缴，且第二年开始若上一年度未发生火灾等灾害，本年度森林保险保费免缴。加上由于单位户应缴比例很低，对收入（或支出）影响微乎其微，故不计入统计范围，仅对其效果进行评价。

二、监测执行进展

（一）监测样本县情况

自2012年启动对四川省进行监测以来，选取了南江、冕宁、汉源3个县为监测县，其中对南江县进行了持续的关注，而冕宁和汉源依据监测的需要进行了一定的调整。整体而言，所选取的样本县均来自四川北部和西部山丘区的重点林区，森林资源较为丰富。各县基本情况见表4.7。

表4.7 四川省监测县基本信息统计

项　目	常住人口数量（万人）	人均GDP（元）	经济增长速度（%）	森林覆盖率（%）
四川	—	—	—	—
2013年	8107	32454	10	35.5
2018年	8341	48900	8	38.83
南江	—	—	—	—
2013年	61.35	14451	10.6	66.5
2018年	60.86	21863	7.7	70
冕宁	—	—	—	—
2013年	35.10	23964	—	54.3
2018年	35.92	32508	9.3	57.4
汉源	—	—	—	—
2013年	32.52	16439	4.6	38.11
2018年	33	25882	7.5	48.6

注：林业补助政策正式从2012年开始，监测从2013年开始，监测县核心指标从2013年作为起点，以2018年为终点。

连续监测的南江县位于四川省巴中市，川东北边缘，境内地势北高南低，平均海拔1100米。下辖48个乡镇、522个村、97个社区，幅员3388平方千米。2018年，实现GDP总值133.49亿元，三次产业结构由上年的14.6：58.6：26.8调整为14.4：59.7：25.9。年末活立木蓄积量1642万立方米，比上年增长1.9%，森林覆盖率达70.0%[①]。

（二）监测林场情况

自2012年监测启动以来，共选取了洪雅林场、彭州林场、道孚林业局、大渡河造林局天全分局、威远林场、开江林场6个林场，各林场在所处区域中林补政策实施和国有林场改革等领域均具有典型代表性，其中连续监测的林场是洪雅县国有林场。各林场基本信息见表4.8。

① 数据来源：该年县级问卷统计和整理所得。

表4.8 各林场基本情况

项 目	经营区面积（平方千米）	在职林业职工人数（人）	退休职工人数（人）	经营区总产值（万元）	林场总收入（万元）	其中木材收入（万元）	林场职工平均年收入（元）
洪雅林场（2018年）	601.2	381	394	0	0	0	63557
道孚林业局（2014年）	4002	160	450	1600	1100	1300	48000
天全分局（2016年）	123500.83	100	118	—	—	—	36300
威远林场（2017年）	40.3538	40	124	317.4	—	—	80007.146
开江林场（2018年）	33.15	40	18	153	—	53	35000

注：各林场基本情况为最后监测年的统计情况。

洪雅林场位于四川省眉山市洪雅县境内，是四川省国有大型林场，全国重点林场之一，属洪雅县政府直属的自收自支的副县级事业单位，属公益一类事业单位，经费转变为财政全额拨款。林场现经营区面积601.2平方千米，占县域面积的1/3左右，森林蓄积量845.6万立方米，森林覆盖率85%。人工林以柳杉、杉木为主，蓄积量242.7万立方米，是全国有名的杉木、柳杉人工商品材生产基地。

（三）林补政策执行情况

1.四川省整体林业补助政策成效

近年来，依托林业补助政策扶持，四川省全方位强化森林资源保护、有序开展林业重点改革、深入推进生态屏障建设，各项林业事业取得显著成效。

（1）生态文明建设成效明显

以生态文明建设为核心，依托林业补助政策和林业重点工程，引领绿色发展。2012—2018年森林覆盖率稳步上升，7年来增幅为3.08%。重点指标见表4.9。

（2）林业产业快速发展

近年来，四川省大力发展现代林业产业。2012—2018年林业产值呈上升趋势，7年间

表4.9 2012—2018年四川省林业资源情况

指 标	2012年	2013年	2014年	2015年	2016年	2017年	2018年
森林资源覆盖率（%）	35.3	35.5	35.76	36.02	36.88	38.03	38.83
森林面积（万公顷）	1714	1725.72	1738.16	1750.79	1792.75	1839.77	1887.11
活立木总蓄积量（亿立方米）	17.71	17.9	18.08	18.27	18.48	19.72	19.95
森林蓄积量（亿立方米）	16.8	16.97	17.15	17.33	17.53	18.61	18.79
人工造林面积（万公顷）	5.88	6.8	9.82	26.46	42.56	48.39	25.80

数据来源：2013—2019年《四川统计年鉴》。

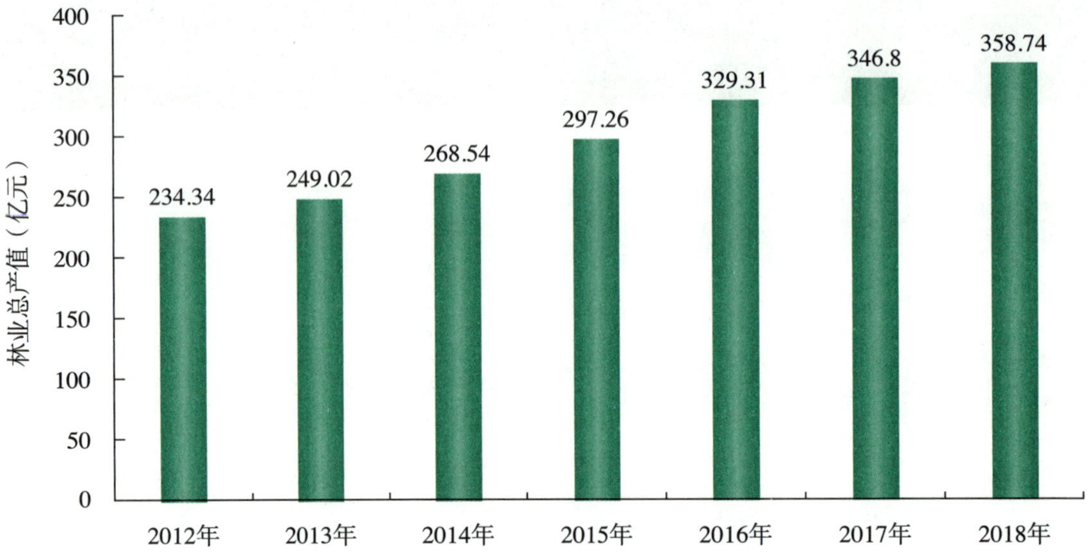

图4.1　2012—2018年四川省林业总产值

由234.34亿元增长到358.74亿元，增幅为53.09%（图4.1）。

（3）林业扶贫效果显著

为充分发挥林业在脱贫攻坚中的关键作用，不断提高林业精准扶贫的成效，四川省各级林业部门坚持“绿水青山就是金山银山”的发展理念，立足本地森林资源优势，找准林业扶贫攻坚的薄弱处，“以林业产业扶贫为重点，以林业生态扶贫为补充，以林业科技扶贫为支撑”，大力实施“六大林业扶贫行动”（生态固本、产业富民、就业增收、改革增效、科技扶智、设施强基），创新林业扶贫机制与模式，积极探索具有中国特色四川特点的林业产业发展与生态脱贫新路径。

专栏 4.1　四川省公益林生态效益补偿政策、生态护林员政策和巡山护林员政策比较

由于我国林区和深度贫困区具有高度重合性，在四川省林业补助政策效益监测中发现，同一地区同时执行公益林生态效益补偿政策、生态护林员政策和巡山护林员政策的情况比较普遍。贫困户生态护林员政策是自2016年开始在全国集中连片特殊贫困地区、国家扶贫开发重点工作县和重点生态功能区转移支付县实施由中央财政（少量地方财政）承担，选聘贫困人口担任生态护林员，对林业、草业等重要生态系统进行管护，兼顾扶贫与环保双重目标，单位护林员配套资金1万元，但实际为实现减贫，四川省将护林员劳务工资拆分，实施金额一般2400～10000元不等，主要集中在4000元左右。中央财政公益林生态效益补偿政策自2009开始在全国实施，主要为林农限制开发以及加强管护的

补助，实施标准为14.75元/亩，对象主要是农户，按面积进行补助。巡山护林员是四川省在卧龙特别行政区执行的区域性补充政策。

	公益林生态效益补偿	贫困户生态护林员	巡山护林员
选聘	无需选聘	贫困户+护林能力	贫困户优先、责任心
主体	林农家庭管护	贫困户成片管护集体林	护林队员定点巡护、路线巡护
补助	17.45元/亩	200～700元/月，面广、标准低	近山：800元/月；中远山：170元/天
考核	基本不考核	基本不考核，脱贫不脱政策	自我考核；组长考核；外部考核
实施	受补不营林	管护流于形式	定点/流动巡护
减贫	较差	较好	好（林业收入贡献达25%）
生态	不明显	不明显	明显
公平	普惠政策	以减贫为导向，共识度高	公平感知差，抓阄求公平
诉求	贫困户生态护林员政策对公益林生态效益补偿政策有替代性；巡山护林员政策对前面两者均有明显的替代性		提高标准，降低名额，变兼业化营林为专业化营林

(1) 政策效应：公益林生态效益补偿政策的生态效应与减贫效应均欠佳；生态护林员政策效应偏向减贫；巡山护林员政策具备生态效应与减贫效应的协同作用。

(2) 政策公平感知：公益林生态效益补偿政策具普惠性；生态护林员政策以减贫为导向，共识度高；巡山护林员政策公平感知差。

(3) 政策替代性：生态护林员政策以减贫为导向，对公益林生态效益补偿政策有替代性，而巡山护林员因兼顾生态效应与减贫效应，对前两者有明显替代性。

案例支撑：四川汶川卧龙特区

卧龙特区巡山护林员岗位覆盖率5%，贫困户生态护林员覆盖率1%。

巡山护林员巡护工作包括：①近山巡护（林业政策宣传、清理垃圾、控制乱砍滥伐）；②远山巡护（野生动物保护、限制偷盗行为、病虫害预防等）。不论是生态效应还是减贫效应，巡山护林员政策对生态护林员政策都具有极强的替代性。

通过以上分析与结论，应加大加强巡山护林员的政策力度，使护林员政策具备普惠性的同时，既能保护生态环境，又能维持林区社会经济可持续发展，为2020年高质量打赢脱贫攻坚战、全面建成小康社会、推进我国生态文明建设打下坚实基础。

2.集体林林业补助政策成效

（1）生态效益

以南江为代表：2013—2018年造林面积呈波动趋势，整体为增长，其中2016—2017年造林增幅最为明显，增幅达153.91%。2013—2018年森林覆盖率呈逐年较缓的上升态势，2018年森林覆盖率达到70.00%（图4.2）。

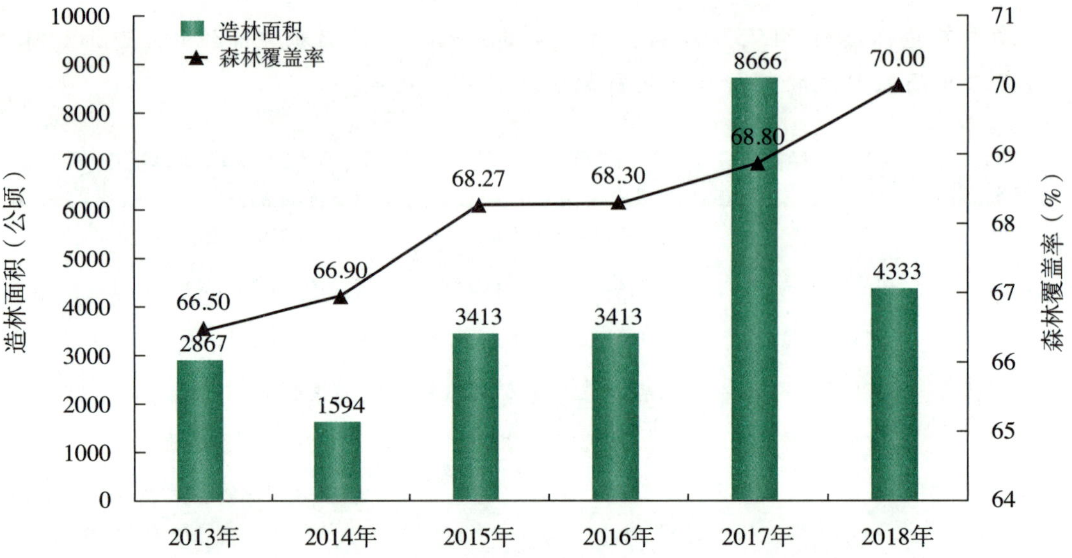

图4.2 2013—2018年南江县造林面积及森林覆盖率

（2）经济效益

南江县林业产值连增。2013—2016年，南江县林业产值稳步上升，从6776万元增长到8825万元，其中2014年增幅最快，较上年增长11.2%。2013—2018年南江县商品木材产量整体呈上升趋势，2014年为最低点，较上年下降52%，之后一直实现增长①（图4.3）。

林农总收入增幅明显。2012—2018年林农收入整体呈现出增长趋势，2016—2017年林农收入变动最明显，增幅达到29370.39元（图4.4）。2012—2016年林农收入一直存在起伏，2017、2018年实现2连增。说明现阶段林农的收入不稳定，但有向好增收趋势。

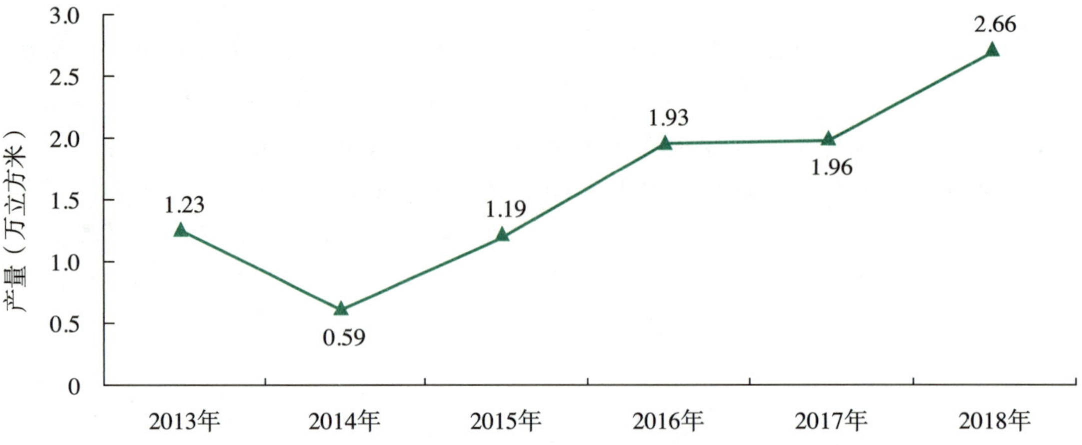

图4.3 2013—2018年南江县商品木材产量

① 数据来源：2013—2018年南江国民经济和社会发展统计公报。

图4.4　2012—2018年受访林农家庭年收入

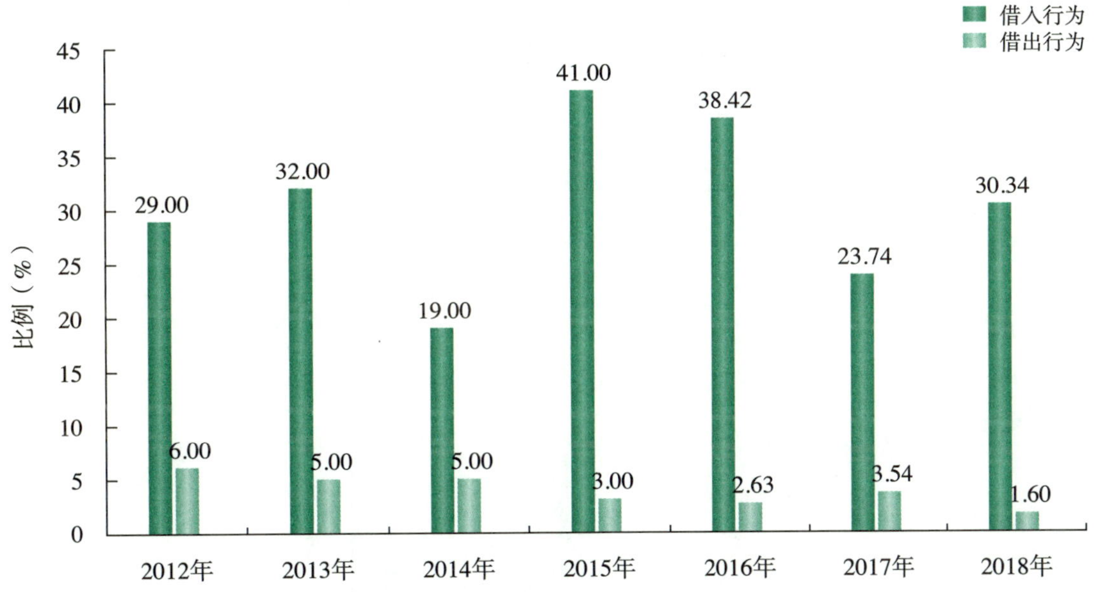

图4.5　2012—2018年受访林农借贷情况

林农融资约束有所缓解。2012—2018年借入情况总体近乎呈现倒“M”型，借出情况逐年下降，具体见图4.5。2012—2018年均存在林农既借入资金又借出资金的现象，例如2018年有2户（占样本总量的2.04%），林权抵押贷款试点工作的开展与林农融资约束压力减轻之间的关系还有待考证。

（3）社会效益

分析林业补助的社会效益，看林业补助实施后受补助人对社会信任度和村庄治理参与积极性是否有提高。由图4.6和图4.7可以看出，林业补助项目提高了林农对社会的信任度和农户村庄治理参与度。

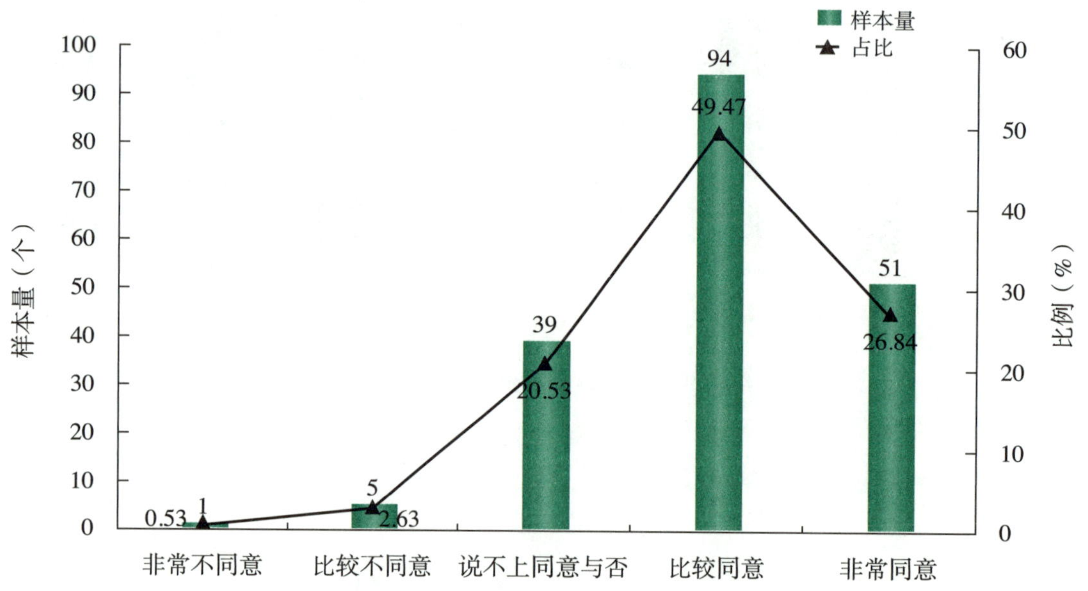

图4.6 2016年四川省林业补助的社会效益（社会信任度）

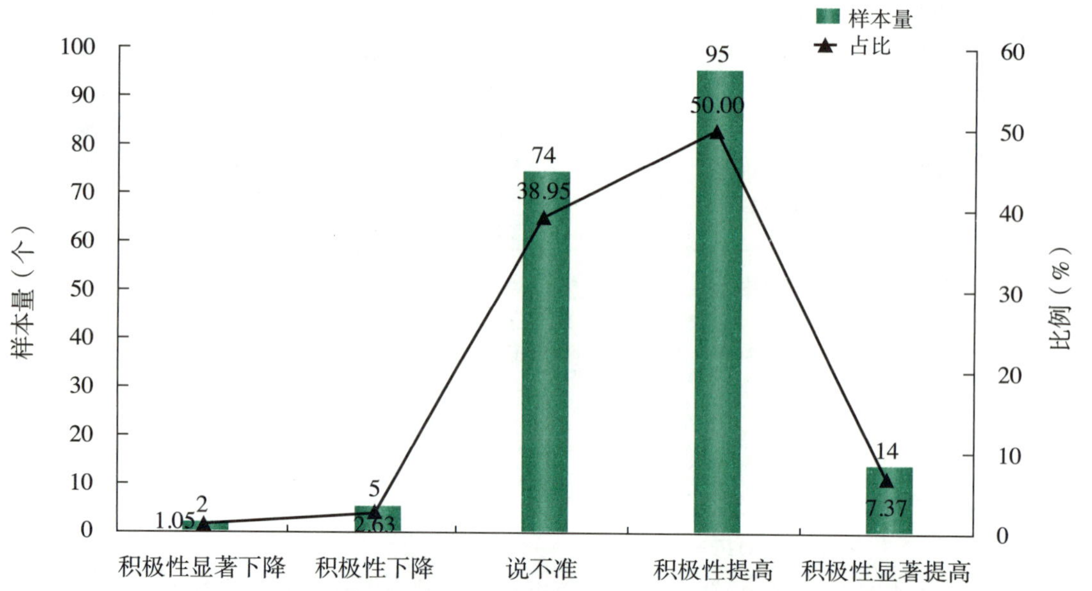

图4.7 2016年四川省林业补助的社会效益（村庄治理参与度）

（4）认知水平、营林积极性

林业政策补助认知水平总体上有所提升。具体见图4.8。

林业补助提升营林积极性，政策认知偏差逐渐修正。具体见图4.9。

林业补助用于林业生产的林农比例逐步提升，但2017年后逐步下降（图4.10），说明林补政策对营林投入激励作用具有阶段性，主要源于林业投入具有较强的周期性。

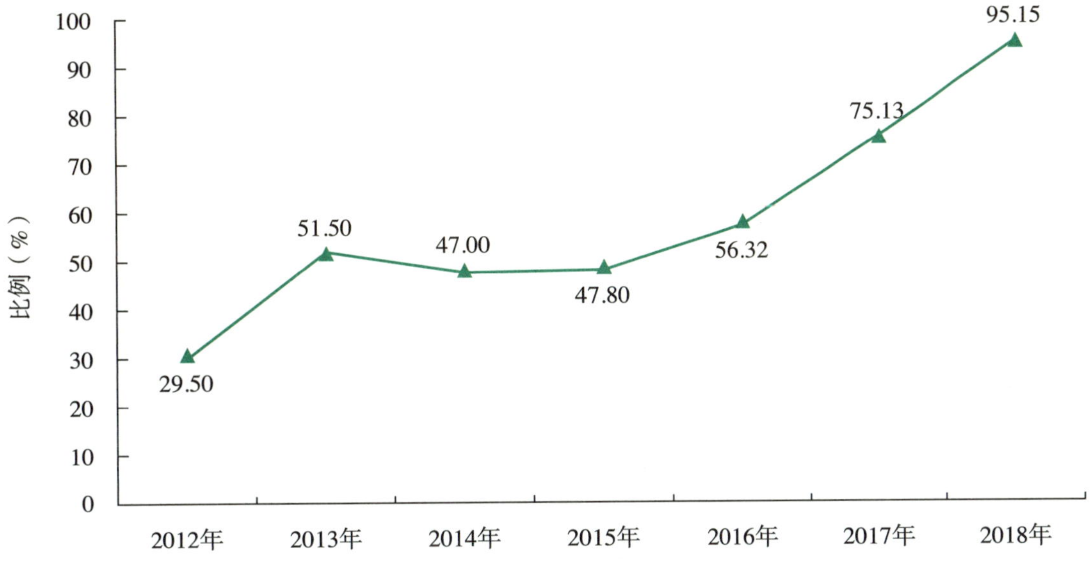

图4.8　2012—2018年受访林农对林业补助认知情况（了解与基本了解）

图4.9　2012—2018年受访林农对补助目的的认知情况

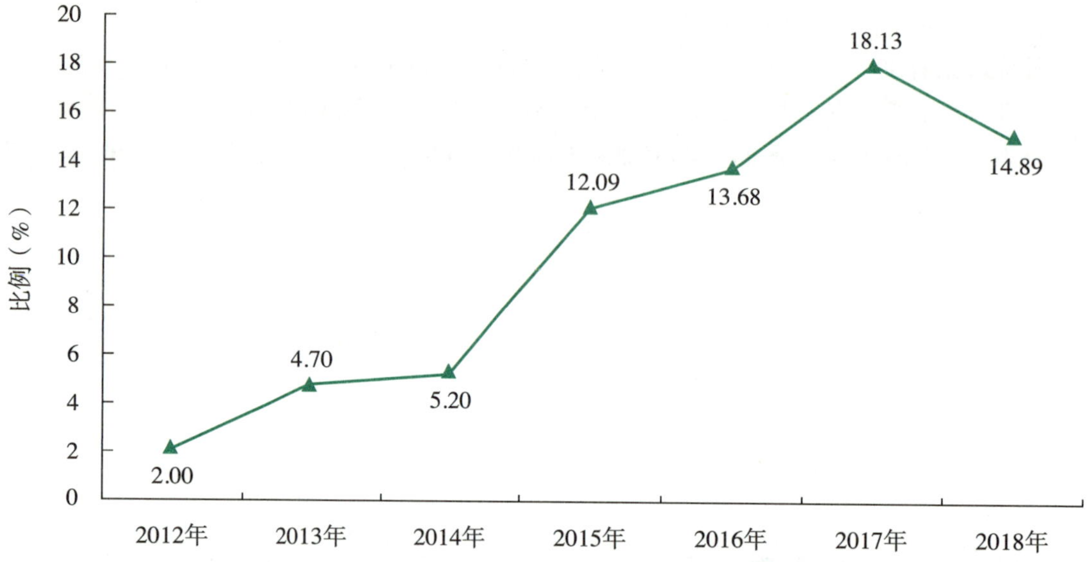

图4.10 2012—2018年林业补助用于林业生产的受访林农比例变化情况

3.国有林林业补助政策成效

（1）生态效益

林补实施后对森林资源的开发速度得以遏制。洪雅林场现经营区面积森林蓄积量845.6万立方米，森林覆盖率85%。2012—2018年，林业蓄积量略有提升，处于稳定状态，其中天然林蓄积量有所增加。具体见表4.10。

表4.10 2012—2018年洪雅林场林业蓄积量情况 立方米

特征	类别	2012年	2013年	2014年	2015年	2016年	2017年	2018年
按起源	天然林	5915885	5940000	5963000	6067870	6029000	6029000	6029000
	人工林	2281179	2200000	2581400	2602340	2427000	2427000	2427000
按区域	禁伐区	5950000	5980000	500400	6264586	—	11862.24	11862.24
	商品林区	2126799	2160000	2160000	6264586	—	—	—
	总蓄积量	8197064	8140000	8544400	8670210	8456000	8456000	8456000

（2）经济效益

经营区面积缩减、经营区总产值下滑（表4.11）。对于林场经营区总产值，自2017年1月1日洪雅林场完成改制后，其经营的旅游、苗木和木材等经营业务，全部由林场转移到具有国有企业性质的洪雅县玉屏林产资源开发有限责任公司，而林场将不再参与经营项目，完全转变为公益服务类事业单位。

产业转型。洪雅林场按照“在保护中发展，在发展中保护”的原则，先后投资4.2亿元对瓦屋山原始森林猎奇探险景区、玉屏人工林海度假区进行了开发建设，形成了150万人次的年接待能力。成功实现了人工商品林经营从木材采伐到森林旅游开发的转型升级，

表4.11 2012—2018年洪雅林场经营情况

年份	经营区面积（平方千米）	经营区总产值（万元）	其中木材收入（万元）	木材收入占总收入比例（%）
2012	625.96	4654	2942	63.21
2013	625.96	5536	3857	69.67
2014	653.3	3832	3000	78.29
2015	629.96	2168	1888	87.08
2016	601.2	2703	2327	86.09
2017	601.2	0	0	0.00
2018	601.2	0	0	0.00

被眉山市委、市政府授予“旅游大变样先进集体”称号。

林业职工家庭总收入有较快增长。根据统计表4.12显示，转移性收入、财产性收入和其他收入均有一定幅度的增加。

表4.12 2013—2018年受访林场职工家庭户均各项收入情况

元

年份	工资性收入	经营收入	转移性收入	财产性收入	其他收入	总收入
2013	51287.10	581.00	1222.58	495.48	112.90	53118.06
2014	53653.56	1796.61	2333.90	1047.46	253.00	58831.53
2015	79727.73	1570.00	4066.67	125.00	3000.00	88489.40
2016	68564.15	2626.89	3520.11	1181.91	7411.49	93333.23
2017	97911.80	1445.90	2211.48	1136.06	0	102705.25
2018	73248.77	1393.33	3419.5	2526.67	1190.48	83309.19

林业补助政策经济效益发生的同时，也伴随着社会效益的产出。洪雅林场抚育队伍组织创新，形成林场职工自己组织形成技术指导队的模式，取吸纳当地农民，合同签约形式完成抚育工作，抚育工作雇用当地劳动力300人次，人均工作天数约38天，为当地的农民提供短期的就业渠道，促进农民的增收致富。

（3）认知程度

职工对林业补助政策认识度逐渐提高。经过7年的林业补助政策实施，整体而言，林场职工对政策的了解范围和程度普遍较高，并且了解程度呈现提高的趋势，政策实施职工参与度高。具体见表4.13。

对林业补助政策目的认识出现结构性偏差，具体见图4.11。

林业补助政策对林场经营积极性作用明显（图4.12）。从监测结果来看，2013—2018年林场职工对林业补助对林场的经营积极性的认可度较高，除2014年外，近乎都达到90%以上的认可度。这说明，从林场职工的感受来讲，林业补助政策大大地促进了林场经营积极性。

林场职工近几年来对林业政策的整体评价较高。具体见表4.14。

表4.13 2013—2018年受访林场职工对林业补助政策了解程度

%

年份	了　解	基本了解	不了解
2013	14.75	68.85	16.39
2014	16.39	62.30	19.67
2015	45.00	53.33	1.67
2016	16.40	62.30	21.30
2017	26.23	67.21	6.56
2018	60.00	30.00	10.00

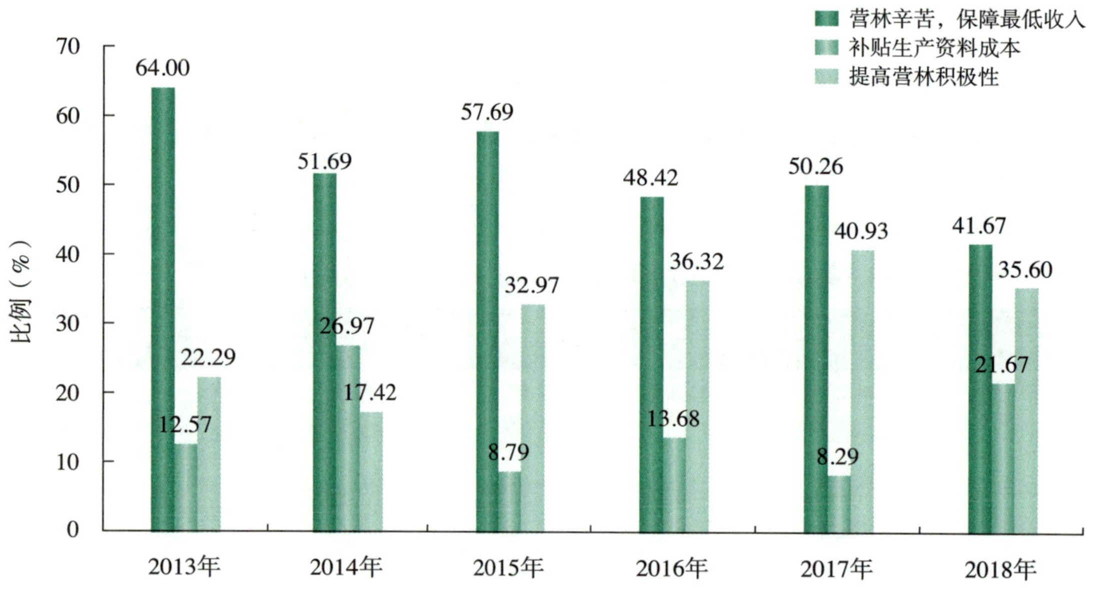

图4.11 2013—2018年受访林场职工对补助目的的认知情况

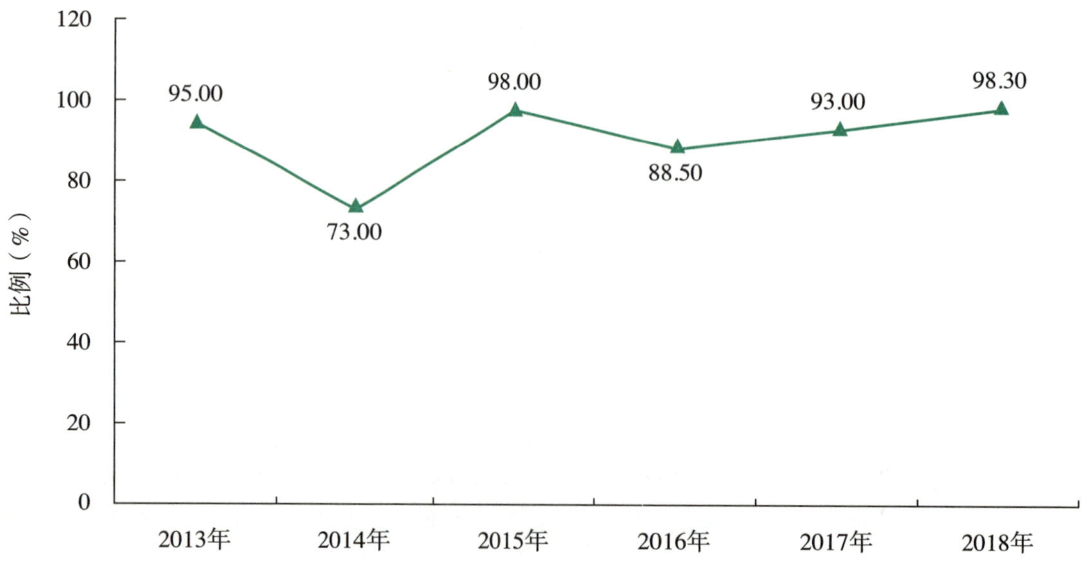

图4.12 2013—2018年受访林场职工认为林业补助促进林场经营管理情况

表4.14 2015—2018年林业职工对林业补助政策实施效果评价 %

年份	政策很好	一般	较差
2015	80.00	1.60	18.40
2016	58.00	42.00	0
2017	34.40	65.60	0
2018	56.70	43.30	0

三、存在的问题与对策建议

本部分将结合四川省调研实际，在普遍性问题进行总结的基础上，突出对最新的问题进行梳理，并针对问题提出相应的对策建议。期望四川省的问题和政策建议能为完善国家层面林业补助政策提供一定参考，也为其他省的实践提供一定借鉴，更为相关领域研究人员提供一定的现实素材。

（一）存在的主要问题

1.集体林补助存在的问题

（1）补助面广、标准低、范围窄、占比少、机制不完善，难以激发林农护林、营林积极性

一是补助面广。对范围内的补助区域进行广补，但补助标准过低，例如公益林生态效益补偿农户标准为14.75元/亩，补助面积为林权确权颁证时划分的公益林面积，难以激发参与主体积极性。

二是补助标准低。林农接受的林业补助主要是公益林生态效益补偿，而补偿标准仅为14.75元/亩，现实中，在四川农村地区，一个“小工”的平均日工资约为100元。然而，管护山林一次，多则3～5天，短则1天。补助收入与营林机会成本远远不相匹配。

三是补助范围较窄。目前造林补助中主要针对公益林，而部分退耕还林、果林、分散林地没有补助。2018年，34.02%的受访农户认为应该施行分级补偿标准①，其中，18.62%的农户直接表示期望“按照山林生态价值”分级设定补偿标准，表明林农越来越看重森林的生态价值，也期望政府在制定标准时，能够将山林的生态价值考虑进去。此外，森林保险保障范围窄，如森林保险保费补贴林地没有全覆盖。

四是林业补助占比小，难以激发农户营林积极性。补助数额较少，在家庭总收入中的比例较低。以2017年的监测数据（表4.15）来看，86.84%的受访农户属于一类补助户。其中，69.47%的受访农户属于超低补户，17.37%的受访农户属于低补户，仅有13.16%的受访农户属于二类补助户。导致比例低的主要原因有：在补助标准制定上没有区分农户森

① 分级补偿标准是指补贴标准的制定是否参照了森林生态效益差异。按山林面积与林地权属分类补偿都没有区分森林等级，并不能直接体现出森林的生态效益差异。因此，将林分质量、林种、群落结构、生态价值、自然度等几个选项设为期望施行分级补偿标准。

表4.15 样本农户的补助类型及补助额情况

林农类型	总计	一类补助户		二类补助户
		超低补户	低补户	
补助占比（R）	—	0＜R＜2%	2%≤R＜5%	R≥5%
林农户数（户）	190	132	33	25
林农占比（%）	100	69.47	17.37	13.16
平均林业补助额（元）	427.37	212.75	815.52	1048.20

注：参照兼业农户类型划分，以林业补助数额占家庭总收入的比例是否超过5%，划分为一类补助户（R＜5%）和二类补助户（R≥5%）；为了进一步说明情况，将一类补助户又分为超低补户和低补户。

林的等级，即没有设定分级补偿标准；补偿标准的增速没有跟上农户工资性收入增速。此外，补助方式全部以将补助额发放至农户银行卡，林农对补助资金何时发放、何种目的发放和发放数额相对不敏感。

五是林业补助缺乏动态调整机制。自中央财政林业补助政策实施以来，每项补助主要采取标准固定、范围固定、程序固定、对象固定等“一刀切”的做法，补助调整机制缺乏。根据近7年3个县的调查显示，根据目前劳动力单价、化肥、林药农膜等生产要素成本估算，林农造林成本均在500元/亩以上，而一直以来，国家林业补助标准均未进行适时适度调整，缺乏有效的补助标准动态调整机制。

（2）青壮年劳动力流失，人口老龄化严重，降低了林农营林和林补政策参与积极性

从平均收入来看，兼户林农家庭平均收入是最高的，其次是离农户，但不论是存在兼业行为的林农还是完全脱离农业的林农，其家庭平均收入均高于纯农户（表4.16），因此单纯依靠农业无法获得与“亦工亦农”相近的收入水平，这与魏后凯等（2017）①的判断是一致的。

表4.16 样本户的兼业类型及其收入额情况

林农类型	总计	纯农户	一兼户	二兼户		离农户
				高兼户	深兼户	
非农收入占比（R）	—	R=0	0＜R＜50%	50%≤R＜74%	74%≤R＜98%	98%≤R≤100%
林农户数（户）	190	61	21	26	63	19
林农占比（%）	100	32.11	11.05	13.68	33.16	10.00
林农平均收入（元）	47599.58	12367.69	76751.62	51362.17	60309.68	76462.2

注：采用的非农收入指工资收与经商收入之和，参照学界一贯做法以非农收入占比50%为界，将农户分为一兼户和二兼户，进一步考虑到林农都有一定的林业补助，因此以98%为上限，将非农收入占比大于等于50%且小于98%的农户定义为二兼户，98%及以上的划分为离农户。

① 魏后凯等，2017. 中国农村发展报告——以全面深化改革激发农村发展新动能[M].北京: 中国社会科学出版社:16-16.

林业补助数额不大，在总收入中占比不高，随着农资成本上升，林业补助刺激农户经营山林积极性的作用越来越微弱。

（3）补助分散和“一刀切”的生态环境保护政策难以促进专业营林队伍成型，制约林业经营的适度规模化发展

一是补助分散难以促进专业营林队伍成型。林业收益较低、林业产业回报周期较长，新生代农民工离农太久，不会种地更不愿意种地，更不知晓如何管护山林、何时管护山林，而新型职业林农的培育工作尚需时日。目前林业补助标准为林农实际拥有的林地规模，既没有考虑林农管护质量，也不考虑林地流转导致实际营林主体发生变化。因此，林业补助分散化，不仅不利于营造“谁管林营林，谁获得补助”的氛围，而且不利于推动林业新型经营主体的培育。根据监测发现，农户层面期待集体林部分补助对象应逐渐转向营林主体，尤其是家庭林场、生态护林员等新型林业经营主体。

二是“一刀切”的生态环境保护政策对林农营林的制约日渐趋强。小林农生产的精髓是充分利用自然资源和实现林业生产与农业生产（尤其是畜牧养殖）之间的平衡，既降低了生产成本，又符合生态农业的理念。四川地处长江上游生态屏障建设核心区域，超过60%的国土面积被划定为禁止开发区或限制开发区，肩负着大熊猫国家公园、湿地保护等一系列生态建设重任。但现有的生态环境政策存在“一刀切”的现象，难以把握发展与保护的平衡点，导致小林农生产过程中利用自然资源面临严苛的资源环境政策约束。

2.国有林补助存在的问题

（1）补助标准低、范围窄，补助调整机制不完善

一是林场补助标准低。由于公益林建设难度较大，林场宜造林地大多交通不便，立地条件差，造林成本较高，现在物价水平、林业经营原料成本提高、社会工资上涨，根据目前劳动力单价、化肥、林药农膜等生产要素成本估算，补助金额往往不够，补助应长期持续并浮动标准。如洪雅林场造林成本荒地现应为350元/亩，荒山达到450～500元/亩，目前财政补助仅占30%～50%，当前的补助标准难以满足造林或抚育的需求。根据2014年的监测统计结果显示，60%的林场职工认为影响抚育或造林补助政策执行的最主要因素是费用标准低；22%的林场职工由于林业补助项目报酬不高，不愿意参与。

二是林场补助范围窄，调整机制滞后。随着抚育或造林面积的饱和以及林木良种基地建设的完善，国有林场获得森林抚育或造林以及林密良种培育补助的额度呈下降趋势。同时，随着国有林场的改制工作①不断推进，造林或抚育面积的减少，国有林场的工作职能逐渐发生改变，由原来的开发和造林为主变为日常维护和管理为主。当前的林业补助政策还没有随着工作内容的调整而调整，且补助范围也有所局限。林场职工也逐渐的期待拥有交通、基础设施和一定的管护补助等。

三是补助调整机制不完善。目前，林业补助政策效果仍未完全释放，林业职工对补助政策认识度和满意度都有待继续提高，特别是林业职工在造林和森林抚育方面参与度较低。补助对林业职工的激励作用不强，特别是部分工作被安排为职工分内工作，没有额外收益，导致工作积极性和执行效果不及预期。奖励性缺失，权责不够分明，没有规范的基

① 洪雅林场和威远林场在课题组调研之前已经完成由国有林业企业向行政事业单位的改制工作，且今后林场的经费来源主要由当地县级财政全额承担。

层组成的救灾队伍，资金、设备投入不足，自愿性救灾不能成为救灾的模式。

（2）分类补助政策导致资金使用效率低下，补助政策调整不及时导致难以适应林场职能转变

一是分类补助导致林场补助资金利用效率相对低下。以往的林业补助政策是分类补助方式，采取的是分类实施、分类管理，且主要补助的是林业产业营林环节。①随着林业补助政策实施，以造林和抚育为主的林业补助可实施面积逐年萎缩或饱和，使得对营林生产环节的补助效果逐年减弱，资金使用的效率也逐渐降低；②随着林场改革的完成，国有林场职能逐渐发生改变，主要以森林资源的管护和生态维护为主，特别是由县级财政全额承担运营经费之后，其生产环节的补助项目承担积极性逐渐减弱；③随着我国林业产业的逐渐升级，整个林业产业正逐渐同旅游、科研、生态产品供给、苗木良种、林产品的深度加工等内容结合起来，分类实施的补助政策无法适应林业产业升级的需要，对林业产业升级作业极为有限，导致林业补助资金使用效率相对低下

二是补助政策调整不及时，无法适应林场职能转变的动态变化。随着国有林场改革完成，国有林场的主要职能由原来的营林生产逐渐向以生态保护，培育国有森林资源，保护生态系统方面转变，即由经营性业务变为公益或公共服务。国有林场职能在随着现实的需要在进行不断的调整，但林业补助政策却未进行及时有效的调整，特别是原有的森林抚育和造林以及林木良种补助等政策，更多的倾向在林业生产经营环节，而涉及森林资源监测、旅游、宣传、产业整合等方面的服务补助还未涉及。

（3）林业补助政策配套服务滞后，补助实施和管理受阻

林业补助政策实施需要林场基础设施建设、技术人才、财政资金、政府支持等相关配套。根据2016年调研结果发现，目前林场主要存在的问题是林场基础设施建设滞后，占受访职工比例达到85%。此外，四川省公益林抚育开展难度大。一方面，四川省国有公益林多地处偏远，间伐抚育不仅需要修筑作业道、清理采伐剩余物等一系列工作，面临巨大的资金压力，而且外业调查、作业设计、施工自查等环节比较费时，面临巨大的工期压力。另一方面，四川省集体公益林地较为分散，涉及农户较多，合同签订、技术培训、采伐监管等工作难度普遍偏大，间伐抚育的矛盾尤为突出。

（4）财政全额承担经费导致林场承担林业补助项目的积极性降低，地方考核以经营效益为导向，同生态效益的定位形成冲突

一是财政全额承担经费导致林场承担林业补助项目的积极性降低。县级财政全额承担林场运营经费，大大地降低了林场承担林业补助项目的积极性。①国有林场运营经费有了保障，不再依靠经营效率在支撑整个林场的运行，无财政负担，因此对承担林业补助项目的积极性就逐渐降低；②政府层面加强了对林业补助资金的规范化管理，增加了项目的承担成本，从而阻碍了林场承担补助项目的积极性；③林场改革成功，其地方政府在林场绩效考核制度中，强化其地方服务职能，弱化其承担公益性林业补助项目的积极性。

二是地方考核以经营效益为导向，同生态效益的定位形成冲突。林场改制为公益一类事业单位，由县级财政全额承担经费运行，但县级单位将林场经营效益作为主要考核目标，并强化其为地方发展提供配套服务的职能。地方政府经营效率的考核导向，增加了林场经营增收的动机，使得林场在市场经营和生态维护功能定位上存在举棋不定的局面，从而也影响了林场的管理制度和基本职能定位的界定。

（二）政策建议

1.集体林补助政策建议

（1）收拢补助面，适度提高标准，扩大补助范围，建立浮动补助制度，激发林农或经营主体营林积极性

一是收拢补助面，提高补助标准，激发农户营林内生动力。①避免广补助，重点向林业大户、专业服务队、区域特色和具有较高生态价值的树种等重点领域转移；②适当提高森林抚育间接费用标准，间接费用的需求体现在号木、间伐设计、林政管理、监测点布置、监测数据调查、逐户签订抚育合同等环节中，增加对抚育工具更新换代和机械技术的补助；③扩大林木良种补助良种范围，把引、选、繁、育、推广有机地结合起来；④加大对林业保险保费补助的力度，增加森林保险责任范围，建立重大灾害补偿制度和再保险制度，切实分担林业生产的自然风险。

二是扩大补助范围，完善补助机制。造林补助对象应不分个人、集体或是国有单位，只要造林验收合格，就应给予补助，真正调动林农积极性，促进公平竞争，推动林业长期可持续发展。对火烧迹地造林、采伐迹地造林、幼龄林抚育、低产林改造也要给予必要的补助。建议将森林抚育普惠政策覆盖至集体用材林，整体提升森林质量和效益。针对森林保险保费仅为林木再植成本，建议保费应包含后期部分抚育成本，将特色经济林作物纳入政策性农业保险项目内，扩大森林保险责任范围。

三是补助政策设计注重差异化，补助标准制定强调动态化。结合当地林业生产要素成本、人力资本价格、施工地条件等因素，做到科学合理、因地制宜、分类补偿。如造林补助应根据宜林地质量、造林树种、生产要素成本等因素设计出相匹配的补助标准，提高造林数量同时强化造林质量；森林抚育需要依据立地条件、抚育成本来制定补助标准，根据不同林地情况增加抚育次数和保证连续性，同时保证生态平衡性；林木良种补助依据良种类型、培育规模给予不同程度的补助额度；森林保险需要根据不同地域灾害频数、再造林成本制定差异化的保费、保额标准；生态效益补偿可依据补偿对象类型进行分类设计，选择公益林、经济林、自然保护区、森林公园等重要区位，对林分质量高、郁闭度大、具有一定规模的阔叶林等区域的补偿有一定的侧重。

（2）培育新型林业经营体系，构建新型职业营林队伍培训体系，创新经营组织模式，扩展林业发展形式

一是培育新型林业经营体系。①营造环境发育新型林业经营主体，通过清晰地林业产权界定基础上，促进林地经营权流转，构建合理的林业适度规模经营奖补体系。②支持当前林业二类补助户流转低补户甚至超低补户林地，集中经营、科学管护，根据作业面积、生态效益价值构建奖补体系。③完善林业社会化生产服务体系，尤其是林木苗圃、科技推广、产品研发和技术改造等方面。

二是构建新型林业经营体系，培育专业护林队伍。首先，应加快构建林业培训机构、林农培训师、普通职业林农的三级培训体系；其次，在促进林农增收和维系山林健康成长的前提下，丰富培训内容。培训的主要目的，是要让林农掌握低成本、高效率的管护山林方法；最后，加大对已经获得林农培训师和持有新型职业农民证书的林业小农的产业扶持力度。统筹用好现有各项支持政策，鼓励和支持新型职业农民兴办林业合作社、家庭林场

等，加快培育壮大适度规模的新型林业经营主体。

三是新经营组织模式，拓宽林业发展形式。创新型林业经营组织形式，包括林业专业合作社、林业大户、家庭林场。解决或弥补农户经济能力、社会资本能力等薄弱方面，提高农民素质，加强林业专业合作组织的培训和政策扶持。使专合组织成员工作连续和收入保障，制定准入和退出机制，引入市场化竞标和竞争机制，降低政策实施成本，提高实施效果，特别是鼓励其参与到造林和抚育政策中来。

（3）整合林业资金，将林业振兴作为山丘区乡村振兴战略的重要组成部分；破除“一刀切”的环保政策限制，促进小林农转型，发展林业新业态

一是整合林业资金，将林业振兴作为山丘区乡村振兴战略的一部分。四川是农业人口大省，丘陵地区、盆周山区比例大，人均土地面积小。①林区探索整县推进试点示范，也可以乡镇为单位开展小林农振兴试点示范，在探索取得经验的基础上循序拓展试点覆盖范围。允许先行先试，鼓励创新创造，并给予政策倾斜；②从产业型政策导向转变为产业型政策与社会型政策并重；③进一步优化整合，从单纯强调林业产业发展，转向同时关注社会公平与包容，关注广大林农的切身利益和民生诉求。

二是破除“一刀切”的环保政策限制，促进小林农转型。①林业补助资金（尤其是林业产业发展资金）的使用要适合本村小林农的实际情况和具体需求，根据本村小林农的具体情况来使用，主要用于帮助他们发展林业产业的社会化服务、小额生产性贷款等；②要创新使用林业产业发展资金的方式。探索林业扶贫互助社的形式统筹管理涉林扶贫资金，建立资金使用规则，鼓励林农结合自身产业发展需要申请使用；③对进入贫困地区带动林业产业发展的新型经营主体给予更大的政策支持。鼓励新型经营主体以一对一的带动方式，实现林业产业发展与精准扶贫结合，对贫困林农的帮扶量化到户、到人。

三是抓住农村新业态发展契机助推小林农林业生产加快发展。①结合林业产业结构调整，在实施“一村一品”产业项目时同步推进电商平台搭建。特别注重对边远地区的扶持政策，探索多种形式的电商模式，把林农生产的特色林产品（林下农产品）与消费者直接对接。②把森林康养纳入小林农振兴规划。结合特色村庄的区位优势、产业发展和新村建设，支持涉林经营主体依托产业基地发展森林体验、森林教育、健康养老、休闲观光等为主的森林康养。在道路交通、配套公共设施等建设中予以政策性支持，探索多种建设模式和管理模式。

2. 国有林补助政策建议

（1）实施差异化补助标准，适时提高补助标准，建立浮动制标准制度，完善林业补助政策机制

一是实施差异化补助标准，适时调整补助标准，建立浮动制标准制度。结合地区特征，根据不同的地理、自然、立地、经济等因素，在设计林业补助政策时，需要考虑差异化和浮动性，保障各项林业工程实施的数量和质量效果。生态补偿机制，完善生态补偿制度，多渠道筹集生态补偿基金，探索按照森林生态服务功能高低和重要程度，实行分类、分级的差别化补偿。因此，需要加强林业政策持续性，包括试点地域、覆盖林种等方面。

二是不断完善林业补助政策制度，制定符合四川林情的林业发展支持政策。①部分抚育工作可以交给林农自己安排，发放抚育补助，再对抚育效果实时监测，争取在农村基层建立抚育队伍，实现农民自我抚育，或者建立抚育机构，以外包形式实施抚育工作；

②加快良种繁育推广体系建设，省级林业主管部门要组织科研、教学、生产建设等有关单位协同合作，联合作战，把引、选、繁、育、推广有机地结合起来，编制切实可行的发展规划和目标，不定期地对实施目标存在的专业技术、生产、经营、管理等问题进行研究和探讨，并及时加以解决，进一步推行“科研、生产、管理”三结合，尽快建立健全良种繁育推广体系。

（2）分类补助转向综合补助，补助环节向全产业链转变，调整政策补助范围，明确重点补助领域

一是分类补助转向综合补助，补助环节向全产业链转变。①根据林场职能变化和现实发展的需要，将以往分类补助的方式转向对林场的综合补助，设立专项扶持资金，通过确定资金使用的领域，根据林场现实最迫切的需求进行资金的配置和管理；②积极调整对营林生产环节的补助，将补助重心从生产环节转向整个林业产业链的后端开发，例如旅游产品、林区基础设施、科研、良种繁育、宣传推广、信息化、高附加值林产品的开发环节，逐渐将原有的生产环节补助向整个林业产业链转移，确保林业补助的扶持重心；③重点支持产业推广示范项目、生态修复项目——类似于国家森林公园建设、森林资源培育、森林资源保护、林区公路养护的专项转移支付。

二是调整政策补助范围。将补助范围由原来以抚育或造林补助、林木良种培育补助、生态效益补偿、森林保险、天保工程等补助，向林场基础设施建设、职工管护补助、科研补助和交通出行等补助领域扩展。由原来森林造林或抚育补助为重点，随着林场职能的转

专栏 4.2 林场造林成本核算

（1）洪雅县林场造林成本核算：2015 年成本合计 930 元 / 亩。其中：①砍荒：用工 2 个 / 亩，240 元 / 亩；②清林：用工 2 个工 / 亩，240 元 / 亩；③整地：用工 2 个工 / 亩，240 元 / 亩；④植苗：用工 0.5 个工 / 亩，60 元 / 亩；⑤苗木费：150 元 / 亩。社会劳动力单价：120 元 / 工。

（2）洪雅县林场森林抚育成本核算：2015 年成本合计 476 元 / 亩。其中：

①作业设计：每亩 7 元。标准地总面积应不小于作业小班面积的 2%，专业调查队日劳动报酬以 300 元计，4 人一组，以地块远近、林况复杂程度平均状况计，样地面积 1 亩计，一组平均每天做 4 个样地。每亩外业调查费用：$4\times300\div(4\times1\div2\%)=6$ 元。内业计算整理编制设计成果：每亩 1 元。

②作业实施完毕后的自查：每亩 7 元。根据森林抚育验收的要求，自查与作业设计过程相当。

③采伐木标记：每亩 40 元。每亩 0.2 个工，每工 200 元。

④采伐标记木：每亩 120 元。每亩 0.6 个工，每工 200 元。

⑤搬运采伐木、采伐剩余物清理：每亩 300 元。多数林地地形地势复杂，只能采用人力搬运，每亩平均用工 1.5 个，每工 200 元。

⑥伐区划拨、管理人员现场监管、工程技术人员现场技术指导、上级林业主管部门检查验收：每亩 2 元。

换应加强生态效益补偿、天保工程、森林保险和职工管护等补助项目的补助，将造林或抚育补助制度进行定期化，对于造林和抚育补助应根据用工工价和地区实际作业成本进行有差异化的补助，而不是统一标准。

（3）科学设计、实施营林作业，完善补助政策配套服务

一是完善顶层设计和制度建设，推进森林经营科学发展。①杜绝以低效林改造为名破坏天然林，导致天然林人工化等盲目行为，科学设计，做到因地制宜、因林施策；②完善营林技术规程和作业设计，强化营林科技研发和先进设施的推广力度，强化森林经营人才队伍建设，强化森林经营专业技术培训；③强化营林工程的检查验收工作，公开、公正评价建设任务、资金使用、工程质量、技术进步、工程效益等方面内容，对营林作业施工效果作科学设计和评价。

二是不断完善林业补助政策配套，制定符合四川林情的林业发展支持政策。①加强林场林区基础设施建设，加大对基层服务设施建设的投入，包括林区医疗卫生、教育等社会保障性林业基础设施；②争取多元化的投入机制，修订建立以物价联动机制为依据的投资标准，健全林业生态保护成效与资金分配挂钩的激励约束机制；③完善林业补助政策的配套政策支持。针对造林补助政策，造林补助后续管理维护制度需完善，从财力、物力、人力上给予已造林的后续维护管理，保证造林成效。

（4）积极调整林业补助政策，丰富补助内容，优化补助方式；转变地方以经营效率为主的考核目标，建立综合的绩效考核体系

一是积极调整林业补助政策，丰富补助内容，优化补助方式。①建立林业补助政策的动态调整制度，在一定时期内要对林业补助的内容、形式、标准、对象等内容进行调整，以适应林业发展的现实需求；②在补助内容上，特别是在造林和抚育面积的饱和基础之上，适应林业产业化发展的需要，适应林业产业升级的要求，将补助内容重心从造林抚育，向林业基础设施、科研、生态监测、信息化、宣传等方面扩展，建立一整套林业补助体系，通过补助资金撬动社会资本参与到林业资源的保护和开发；③在补助方式上，除了采取现金补助之外，还可以通过人才援助、捐赠、设立产业扶持基金，生态保护基金等形式进行扶持；④根据林场职能的变化，分清主次职能之间的差异，对林场主要职能领域进行着重补助，特别是在生态维护等方面重点扶持。

二是转变地方以经营效益为主的考核目标，建立综合的绩效考核体系。①降低地方政府对林场年终经营绩效考核过程中经济效益的权重，建立以生态效益为主的考核指标体系，明确国有林场在生态维护和森林资源保护上的职能，同时将社会效益同样纳入对国有林场的绩效考核范围内；②建立中央财政对地方财政林业方面的支出补助，缓解地方财政的紧张，避免地方政府以经济效益为导向的目标考核；③建立国有林场经营性业务和公共服务分别考核体系，建立两套考核指标，确定科学合理的考核制度；④建立目标考核制度，对林场的经营管理确定年前目标计划，负责单位或领导人签订《目标责任书》，对林场绩效考核进行区块化管理，建立分层级、分部门的绩效考核体系。

（执笔人：韦锋　严中成　刘爱珍）

辽宁省报告

一、概　况

（一）监测背景

辽宁省位于我国东北地区的南部（东经118° 53'～125° 46'，北纬38° 43'～43° 26'），土地总面积为1486万公顷，地形为北高南低，从陆地向海洋倾斜；山地丘陵分别位于东西两侧，向中部平原倾斜，地形概貌大体是“六山一水三分田”。根据全国第八次森林资源清查，辽宁省森林面积572万公顷，森林覆盖率39.24%，活立木总蓄积量30889万立方米，森林蓄积量29749万立方米（国有林场森林面积为81.66万公顷，森林蓄积量5335万立方米），天然林面积220万公顷，天然林蓄积量18263万立方米；人工林面积309万公顷，人工林蓄积量11486万立方米。

自2010年起，辽宁省成为中央财政支持造林补助、森林抚育补助和森林保险保费补助试点省份；自2012年起，辽宁省又成为中央财政支持林木良种培育补助试点省份。为保质保量地完成各项林业补助任务，辽宁省积极出台了多项文件、通知和相关技术规定等，确保林业补助政策发挥出最大的效益。在林业补助任务的带动下，极大地提升了营林主体的积极性，使得辽宁省林业活动的开展日益活跃（表5.1）。

（二）监测方法

1.样本县和样本林场的选取

辽宁省森林资源呈现出东多西少、地域分布不均衡的特点。2004年3月23日辽宁省人民政府办公厅颁布《辽宁省林业生态建设发展规划纲要》（辽政办发〔2004〕16号）明确

表5.1　辽宁省主要林业活动统计

年份	人工造林面积（千公顷）	森林抚育面积（千公顷）	育苗面积（千公顷）	森林保险面积（万公顷）
2011	393.6	100.1	12	208.5
2012	416.7	108	7.5	269
2013	236.8	100	6.5	296.3
2014	126.7	100	8	324.3
2015	99.3	100	5.8	339.8
2016	86.7	93.3	27.1	341.6
2017	144.2	94	27.5	341.2
2018	168.0	99.3	28	352.1

指出辽宁省林业生态建设布局划分为3个区：一是辽东山区，该区域是辽宁省天然林保护和水源涵养林建设的核心区；二是辽中南平原沿海地区，该区域是辽宁省防护林体系和城镇绿化的集中区；三是辽西北地区，其区域是辽宁省恢复植被、加快生态建设的重点区。

按照典型抽样和随机抽样相结合的原则展开调查，共分为四个层面，即：省厅层面、县或林场层面，村层面、农户或职工层面。根据地理位置和自然资源禀赋的差异性、林业补助政策实施的成效性、经济发展水平的差异性等，选取了固定案例点。

受原国家林业局的委托，原辽宁林业职业技术学院于2011年和2012年对辽宁省的6个样本林场和6个样本县进行中央财政森林抚育补助的社会经济成效进行监测，自2013年开始，原国家林业局对森林抚育补助监测工作调整为林业补助政策监测，原辽宁林业职业技术学院对辽宁省2个样本林场和2个样本县进行中央财政支持林业补助社会经济成效监测，2014年和2015年辽宁林业职业技术学院选择的国有林监测点为辽宁省实验林场（辽东山区）和辽宁省生态实验林场（辽西北地区），集体林监测点为庄河市（辽中南平原沿海地区）和桓仁满族自治县（辽东山区），经过两年的监测发现，两个国有林样本点同为省直林场，在享受林业补助政策时差异性较小，并且集体林样本点庄河市营林任务量非常少、甚至无林业活动。基于上述原因，2016年原辽宁林业职业技术学院对样本点进行了调换，将国有林的辽宁省实验林场调换成原辽宁林业职业技术学院实验林场（辽东山区），将集体林的庄河市样本点调换到朝阳县（辽西北地区）。

自2016年起中央财政支持林业补助监测样本点的数量为集体林中每个样本县选择90户农户家庭作为监测样本点，共计180户；国有林中每个样本林场选择25户职工家庭作为样本点，共计50户。

2. 调查方法

省厅层面的监测方法主要以收集资料法为主，辅以信息人访谈和问卷调查；县或林场层面的监测方法以问卷调查为主，辅以信息人访谈；村层面的监测方法为问卷调查；农户或职工层面的监测方法以问卷调查为主，辅以座谈。

补助户和非补助户的界定，根据是否享受造林补助、森林抚育补助、林木良种补助、森林保险保费补助为依据，即享受一项及以上的农户则视为补助户，反之则为非补助户。

3. 分析方法

（1）描述性统计分析法

通过问卷调查获得原始资料，结合主要信息人访谈和资料收集对调查问卷进行补充完成和分析整理，利用描述性统计法重点分析林业补助政策的实施情况、农户对林业补助政策的认知、政策评价及建议等。

（2）比较分析法

采用环比和同比的研究方法分析不同地区、不同年份林业补助政策对营林主体的影响，主要包括营林主体的收益、积极性等方面的变化。

二、中央财政林业补助政策的执行情况

辽宁省森林资源面积国有林约占10.01%，集体林约占89.99%，所以享受中央财政林业补助政策的森林资源以集体林为主。

（一）监测的基本情况

造林补助任务量年际间的变化呈现逐年降低的趋势，但是年际间波动较大，其原因是通过造林补助政策的实施，营林主体的造林积极性非常高，宜林地的面积在不断地减少。

森林抚育补助任务量受中央财政支持定额影响，每年总任务量基本稳定。

森林保险保费补助任务量年际间的变化呈现出稳中有升，这充分说明了森林保险保费补助政策是一项惠农政策，通过森林保险保费补助政策的实施，可以有效地帮助营林主体转移营林风险，营林主体的参与积极性非常高。

林木良种补助年际间变化无规律可循，由于标准较高，生产技术有所限定，普通集体林主参与较少，再者资金来源多元化，包括中央财政和地方财政两个层面，分配任务时依据社会成效，且实施过程中不可兼得。以上原因造成调查点内样本数较少，不宜用描述性分析方法进行定论。

样本林场完成中央财政林业补助任务情况见表5.2。

表5.2　样本林场完成中央财政林业补助任务统计

权属	样本林场	年份	造林补助		森林抚育补助		森林保险保费补助		林木良种培育补助	
			金额（万元）	面积（公顷）	金额（万元）	面积（公顷）	金额（万元）	面积（公顷）	金额（万元）	株数（万株）
国有林	辽宁省生态实验林场	2018	19	86.67	40	266.68	16.3	7227.5	0	0
		2017	26.3	120	40	266.67	16.3	7227.5	0	0
		2016	23	106.67	60	400	16.2	7200	0	0
	辽宁林业职业技术学院实验林场	2018	2.1	2.1	25	167.91	8.7	3866.67	0	0
		2017	2.1	13.33	25	167	8.7	3866.67	0	0
		2016	3.2	20	25.7	190.65	8.7	3866.67	0	0
集体林	桓仁满族自治县	2018	222	166.68	650	4333.35	624.64	277617.11	0	0
		2017	7.4	46.67	650	4333.34	624.38	277503.44	0	0
		2016	1574.5	1400	630	4200.02	624.38	277503.44	0	0
	朝阳县	2018	120	16466.67	460	3066.82	479.25	213001.1	25	125
		2017	1367.2	455622.8	450	3000	479.25	213000.1	0	0
		2016	343.4	1113.33	576	3840.02	479.25	213000.1	0	0

（二）主要模式

无论是国有林还是集体林，辽宁省完成林业补助任务的实施主体是当地农民，农民参与到林业补助任务的途径主要有4种模式。

1.个体林主自主完成模式

此模式主要用于集体林的造林补助任务。当造林补助任务量少时，林主以家庭为单位，独立完成造林补助任务；如果任务量多时，林主间会相互联合，共同完成造林补助任务。村技术员或乡（镇）林业站工作者在农户施工过程中进行全程监督和指导，由村技术员和乡（镇）林业站共同对工程质量进行检查验收的一种林业生产模式。由林业行政主管部门将任务量和补助标准报送到县级财政部门，由县级财政部门将补助资金汇入到农户一卡通账户上。

2.林主组织+专业队完成模式

此模式主要用于国有林和集体林的森林抚育补助任务。辽宁省的专业队是由常年从事森林经营活动，具备娴熟的操作技能，掌握林业补助政策具体要求的一些农户组成，并设有负责人。林主和专业队负责人通过协商（集体林）或签订劳动合同（国有林）的形式确定森林抚育补助任务量、面积、要求、资金发放等内容，由专业队完成森林抚育补助任务的具体工作，在施工过程中，技术员（集体林）和职工（国有林）进行全程跟踪指导、检查和验收工作，发现问题予以及时纠正。国有林的补助资金由财政直接拨付到林场账户上，集体林补助资金由财政部门直接拨付到农户已一卡通账户上，最后由林主按照合同规定发放到负责人手中。

3.林场组织+农户完成模式

此模式主要用于国有林的造林补助任务。即由林场实验区负责人雇佣当地农户完成造林补助任务，在施工过程中，职工作为技术员全程跟踪指导、检查和验收工作，发现问题予以及时纠正的一种林业生产模式。国有林的补助资金由财政直接拨付到林场账户上，最后由林场实验区负责人按照工日给予相应的劳动报酬。

4.政府组织+公司完成模式

此模式主要用于集体林的造林补助任务。由于受到环境条件等多种因素的制约，会导致造林难度增加，进而影响林主的造林积极性。所以由县级和乡镇政府林业主管部门统一组织，通过招投标的形式确定造林补助任务的完成主体，并对造林补助任务量、面积、要求、资金发放等内容签订劳动合同（国有林），在任务实施过程中，县和乡镇林业主管部门工作人员作为技术员全程跟踪指导、检查和验收工作，发现问题予以及时纠正。补助资金由财政部门直接拨付到公司账户上。

（三）模式对比分析

林主在完成林业补助任务时，根据林业活动项目、地块的特点等选择相应的模式，其不同模式也各具特色，本报告主要从组织管理绩效、成本费用、技术要求、资金的发放与管理四方面进行比较分析。

1.组织管理绩效

采用个体林主自主完成模式和林场组织+农户完成模式的，在完成任务过程中，由于林场职工管理经验不足，特别是责任落实、工程进度掌控等方面经验欠缺；个体林主缺乏任务的统筹安排，以及采用这两种模式往往是任务量较为分散，不便于统一施工，采取两种模式会导致工程进度慢，组织管理绩效低。

采用林主组织+专业队完成模式和政府组织+公司完成模式的，由于任务完成主体长期从事相关任务，具有丰富的经验，实际作业中效率高，在施工过程中会设有专人负责组织管理，分工具体，权责明确，施工前统筹安排，能有效规避民事纠纷，进程推进比较顺利。所以这两种模式的组织管理绩效高，责任落实明确。

2.成本费用

个体林主自主完成模式通过自投工抵扣雇工费用，降低劳动力成本，缓解营林主体的经济压力，成本较低；林场组织+农户完成模式在完成任务时，涉及的完成主体具有量多、人散等特点，导致管理成本增加。

林主组织+专业队完成模式和政府组织+公司完成模式完成任务的主体相对固定，而且工作经验丰富，再加之采用计件报酬的方式给予劳务费，大大调动任务完成主体的积极性，有效地缩短工期，大大减少了施工过程中的监督、管理成本与费用。

3.工程质量

个体林场自主完成模式和林场组织+农户完成模式的任务完成主体缺乏系统的培训，对工程质量的掌控随机性较大，尤其是城市化进程加剧，农村剩余劳动力老龄化严重，劳动力素质日渐削弱，从而影响工程质量。

林主组织+专业队完成模式和政府组织+公司完成模式完成任务的主体具有丰富的工作经验，具备娴熟的操作技能，掌握政策相关规定，在实际工作中效率高。

三、中央财政林业补助政策的实施成效

林业补助政策实施以来，受到了社会各界的广泛认可，尤其是营林主体的一致好评。在国有林调查中，林场职工普遍认为林业补助政策很好且实施效果令人满意的人数比例分别为2016年90%，2017年92%，2018年80%；在集体林调查中，农户对林业补助政策的实施效果也广泛认同，人数比例分别为2016年96%，2017年78%，2018年95%。

林业补助政策在辽宁省的实施成效显著，在缓解营林主体在营林过程中的经济压力，提高营林主体的营林积极性，促进林业可持续发展等方面有着不可替代的作用；对解决农村人口就业、增加经济收入、促进地方发展等方面起到举足轻重的作用；对提高森林面积，提升森林质量，发挥出更大的经济、社会、碳汇、文化、生态功能有着至关重要的作用。

（一）林业补助政策的实施切实提升林业管理水平

1.严格作业设计规程，有效提高森林资源经营水平

根据相关要求，开展中央财政支持的造林补助活动和森林抚育补助活动前，必须编制作业设计，并报省级部门审批后方可实施，而且要对森林抚育检查验收技术人员进行培训。通过林业补助政策的实施，可以提高森林资源管理水平、提升森林质量。

调查发现，无论是国有林还是集体林，在完成造林补助任务和森林抚育补助任务前均能按照要求编制作业设计，并报上级部门审批后开始实施，编制的作业设计面积100%覆盖造林补助任务和森林抚育补助任务，表明营林主体均能按照相关要求完成造林补助任务和森林抚育补助任务，保证工程质量，使得森林资源的质量得到有效的提高，为加速生态环境建设提供有力保障。

2.有力的技术支撑，有效保证工程质量

调查发现，在造林补助任务和森林抚育补助任务行进过程中，林场职工作为技术人员跟班作业，发现问题及时指导（表5.3）。样本县中的桓仁满族自治县在每个行政村均配备技术员，协助农户完成作业设计，贴合施工过程中进行全程指导；朝阳县的技术指导工

表5.3 样本林场林业补助任务量和技术人员数量统计

样本名称	年份	在职职工（人）	造林补助		森林抚育补助	
			任务量（公顷）	技术员（人）	任务量（公顷）	技术员（人）
辽宁省生态实验林场	2016	46	106.67	8	400	7
	2017	43	120	8	266.68	6
	2018	40	86.67	8	266.68	6
辽宁林业职业技术学院实验林场	2016	50	20	15	190.65	8
	2017	48	13.34	10	167	11
	2018	47	13.34	8	167.91	8

作由乡（镇）林业工作站的工作人员承担，提供技术支撑；这些技术指导人员均要参加相应培训并通过合格。调查结果显示，营林主体一致认为技术指导全面、连续，工作认真，效果显著，为优质、高效地完成林业补助任务奠定坚实的基础。

3.林业补助资金的注入，有效提升林场管理水平

目前，辽宁省国有林的权属归林场，国有林获得林业补助资金的主体是林场。调查发现，绝大多数职工（2016年占92%；2017年占96%；2018年占88%）认为通过林业补助政策的实施对提升林场的管理水平有着积极的促进作用林业补助政策的实施，可以缩短林业生产工期，提高职工的工作效率，有助于降低营林成本。

4.监管力度升级，有效保护森林资源

调查发现，在森林抚育补助施工过程中，林场加大监管力度，尤其是严格作业设计和审批管理、打击乱砍滥伐行为（表5.4），有效保护森林资源。

表5.4 样本职工认为林场在森林抚育补助中采取的监管措施数量统计 %

年份	严格作业设计和审批管理	加强林木采伐运输管理	打击乱砍滥伐行为	采伐限额管理	采伐木挂号，拨交一块，作业一块，验收一块
2016	74	58	70	62	52
2017	96	76	62	66	58
2018	100	92	94	92	90

（二）林业补助政策群众认知度有所提高

1.营林主体普遍了解林业补助政策

营林主体对林业补助政策的了解程度直接影响到农户参与的积极性，对工程质量也会造成一定的影响。调查发现，绝大多数的营林主体对林业补助政策有一定的了解，包括林业补助种类、金额、支持主体、拨付方式等（表5.5），表明各级林业行政主管部门在林业补助政策的宣传工作做得好，注重政策的普及，努力让每位营林主体都了解林业补助政策。

表5.5 样本职工和农户对林业补助政策了解程度统计 %

类 型	指 标	2016年	2017年	2018年
国有林	了解	36	40	44
	基本了解	40	54	50
	不了解	24	6	6
集体林	了解	27	43	50
	基本了解	53	38	37
	不了解	20	19	13

但也有个别营林主体不了解林业补助政策。国有林层面，其权属是林场，而不是职工，林场职工完成林业补助任务属常规工作，不是政策的直接接收者，因此对政策不了解或了解很少；集体林层面，林业改革制度实施后，农户具有山林经营权，将主要精力集中在经营生产方面，加之自身原因，造成对林业补助政策知之甚少。

2.营林主体了解林业补助政策信息的渠道更便捷

林业补助政策信息获取渠道决定营林主体对林业补助政策的了解程度，影响营林主体参与程度。调查结果显示，林场职工获得林业补助信息的主要途径是会议传达，其次是广播、电视、报纸和公示栏，2016年、2017年、2018年情况相似，比例略有不同（表5.6）。而集体林营林农户获取信息的主要途径为基层工作者包括村干部和乡镇林业站、政府人员，其次是公务栏和电视、广播、报纸，其他还有亲邻朋友，合作社，协会等，2016—2018年，根据结果（表5.6），基层工作者宣传仍然占据主体，但通过其他途径获取信息的人数比例逐渐上升，表明信息获取途径更加多样，获取信息更加便捷。因此，在林业补助政策的宣传方面，应针对不同营林主体的特点，拓宽渠道，采取有针对性，有广度地进行宣传，努力做到林业补助政策信息人人皆知。

表5.6 样本职工和农户获得林业补助政策信息的渠道统计 %

类 型	指 标	2016年	2017年	2018年
国有林	电视、报纸、广播	58	52	40
	开会	78	70	52
	公示栏	48	14	18
	其他	4	8	2
集体林	电视、报纸、广播	24	21	38
	村干部	71	74	57
	亲邻朋友	2	6	19
	合作社或协会	0	1	28
	村务公开栏	39	62	50
	林业工作站或者乡镇政府	49	27	56

3.林场职工认为林业补助政策有助于提高森林经营积极性

林业补助政策有助于增加林业收入、提高森林经营积极性、降低林业生产成本。调查结果显示，样本林场多数职工认为国家给予林业补助有助于提高森林经营积极性，2018年人数比例为62%，其次为林业职工收入低，占比28%，再次是种苗、化肥、农药等材料上涨快，占比12%（表5.7）。辽宁省国有林场的林分多处于山高坡陡的地段，林分质量相对优越，对维护本地区的生态稳定发挥着巨大的作用。但公益林林业经济产出十分有限，营林主体经营意愿不强，辽宁省国有林的发展主要依赖中央财政的支持，通过补助、补偿的方式鼓励营林主体投入到林业生产中，确保森林资源能够发挥应有的生态效益。

表5.7　样本职工对林业补助政策作用的认知　　%

指　标	2016年	2017年	2018年
林业职工收入低	15	46	28
种苗、化肥、农药等价格上涨快	20	7	12
提高经营积极性	63	44	62
其他	2	2	6

4.农户认为林业补助政策有助于提高农民收入

辽宁省集体林的林分质量参差不齐。调查发现，农户拥有的林地具有面积小、地块相对较为分散的特点，不利于集约化经营，成本较高，效率较低。中央财政以资金补助、补偿方式支持林业经营，很大程度上填补了经营主体前期经营投入，有助于提高林分质量，提高森林资源生态效益。调查发现，农户认识到随着劳动力价格、材料等成本的上涨，农户营林成本上涨，林分在中幼龄阶段基本无产出，农户在营林过程中出现收不抵支的现象，林业补助政策的实施，可以有效补偿营林成本，缓解农户在营林过程中的经济压力，保障林业经营不亏本、有收益（表5.8）。

表5.8　样本农户对林业补助政策作用的认知　　%

指　标	2016年	2017年	2018年
不亏本、有收益	81	77	53
降低营林成本	7	6	13
提高积极性	12	17	31
其他	1		3

（三）林业补助政策的实施为农户提供就业岗位，增加家庭经济收益

辽宁省国有林林业补助任务的具体劳动者为林场职工或个体农户。林业补助政策的实施有效解决了农村劳动力就业问题，切实增加了农民家庭经济收益。2018年辽宁省生态实验林场抚育补助任务增加农民收入48万元，辽宁林业职业技术学院实验林场抚育补助任务

表5.9 农户参与国有林森林抚育补助任务统计

样本名称	年份	总人数（人）	平均参与天数（天）	工资[元/（天·人）]	农户总收入（万元）
辽宁省生态实验林场	2016	207	58	120	144
	2017	35	80	120	33.6
	2018	50	80	120	48
辽宁林业职业技术学院实验林场	2016	50	60	120	36
	2017	45	55	120	29.7
	2018	50	75	120	45

增加农民收入45万元（表5.9），林业补助政策为维护社会稳定，促进社会和谐发展起到了促进作用。

（四）林业补助政策的实施有效提高营林主体的营林积极性

1.增加农户的营林面积

调查结果显示，农户经营山林面积相比于林业补助政策未实施时（2009年）的面积均有所增加（表5.10），增加林地面积的具体途径有：①租赁他人或集体的山林；②开垦荒地、弃地；③回收流转土地。与2009年相比，2016年山林经营面积增加16.4公顷，2017年增加58.8公顷，2018年增加19.7公顷。荒山荒地被大面积造林，被遗弃的森林又重新被经营起来。

表5.10 与2009年相比样本农户经营山林面积的变化

年份	增加面积（公顷）	增加原因
2016	16.4	租赁别人的山林和村集体的山林
		自家的山林，以前是抛荒的
		自家的山林，以前租给别人
2017	58.8	租赁别人的山林和村集体的山林
		自家的山林，以前是抛荒的
2018	19.7	自家的山林，以前是抛荒的

2.增强农户的营林意愿

林业补助政策的实施，在生态环境保护、农户经济增收、提高农户营林积极性方面有明显作用。调查结果显示，对于补助户如果不享受林业补助政策在营林面积和营林投入均会有一定程度的减少，减少幅度在41%～60%区间的农户数最多；而对于非补助户如果享受林业补助政策，在营林面积和营林投入均会增加，增加范围在1%～20%区间的农户数最多（表5.11）。由此可知，林业补助政策的实施，对农户的营林意愿的影响补助户要大于非补助户，林业补助政策的实施可以切实帮助营林主体缓解经济压力。

表5.11 林业补助政策对农户营林意愿的影响 %

年份	类型	指标	1%～20%	21%～40%	41%～60%	61%～80%	81%～100%
2016	补助户	减少营林面积	5	82	11		
		减少营林投入	5	81	12	1	
	非补助户	增加营林面积	20	47	27		
		增加营林投入	20	40	33		
2017	补助户	减少营林面积	20	13	53	2	
		减少营林投入	11	11	40		
	非补助户	增加营林面积	56	6	22		
		增加营林投入	28	6	17		
2018	补助户	减少营林面积	20	13	53	2	
		减少营林投入	11	11	40		
	非补助户	增加营林面积	56	6	22		
		增加营林投入	28	6	17		

3.增加农户的营林投入

林业补助资金发放后，农户主要将补助资金用于林业生产。调查结果显示，2016年、2017年和2018年将林业补助用于林业生产的农户比例分别为68%、94%和82%，其中将林业补助款的81%～100%投回到林业生产中的农户数最多（表5.12），达到了通过林业补助推动营林投入、激励农户营林生产的政策目标。

表5.12 样本农户的林业补助资金投回林业生产情况 %

样本类型	年份	0%～20%	21%～40%	41%～60%	61%～80%	81%～100%
补贴户	2016	2	3	9	6	80
	2017	14	7	10	13	56
	2018	7	16	23	10	44

四、政策评价与经营意愿分析

（一）政策评价

1.职工的政策评价

林业补助涉及补助对象、补助标准、补助方式、补助管理形式等多方面的内容，各方面都要做到合理、公平，让参与造林和抚育活动的营林主体和经营个体普遍认同和接受。

（1）林业补助政策实施主体的评价

林场职工对林业补助项目的最佳主体选择的看法，多数职工（2016年占72%，2017年占56%，2018年占78%）认为林业补助项目的主体是林场。国有林的森林资源的权属为林场，林场对森林资源的管护是长期的，林场单位组织有序、管理科学，有技术和资金保障，林场职工依托林场资源完成各项森林经营活动，包括林业补助项目在内的林业活动均属日常工作，通过工资获取劳动报酬。所以林业补助政策应该将林场作为实施主体。这与目前辽宁省国有林林业补助政策享受主体是相同的，也说明了国有林现行的林业补助政策符合林场职工的意愿。

（2）林业补助项目实施的组织方式评价

林业补助项目实施过程中，合理的组织参与方式对林业生产有着重要的推动作用，也能促进林业补助政策在实施过程中发挥效益最大化。调查结果显示，林场职工更倾向于本单位进行组织实施，认为林场作为组织方的职工人数比例分别为2016年72%，2017年90%，2018年86%。林场是国有林权属单位，林场作为组织方进行林业补助项目的实施，符合广大职工意愿。

（3）林业补助资金分配的评价

林业补助资金对于缓解营林主体在营林过程中的经济压力有着重要的作用，在较大程度上能提高营林主体的经营积极性，提升森林资源质量。

假定林地使用权流转，林业补助资金给谁更合理？针对这个问题进行调查，结果显示，林场职工更倾向于发放给流转后的经营主体，人数比例分别为2016年66%，2017年66%，2018年90%。其原因是补助资金应支付给实际付出主体，即“谁干活，谁拿补助”，土地流转之后，原有主体通过收取租金获得收入，如果再将钱发放给原有主体，对林业经营有实际付出的营林主体经营积极性会显著下降，起不到促进林业生产的目的，不符合林业补助设计的初衷。

（4）强化林业补助政策的评价

林业补助政策的长期执行，对于提高营林主体对林业补助政策的认知度和感知度有着重要的影响，而且在缓解营林时的经济压力，提高营林主体的营林积极性等方面有着重要的作用，可以说林业补助政策的实施达到了预期效果。通过调查发现，职工认为林业补助政策应该长期执行，年工作量相对稳定，其次是贴近实际，科学确定费用标准、抚育规模和对象（表5.13）。

近些年来劳动力价格不断提高、材料成本飞涨，营林成本始终居高不下，再加上中幼龄林抚育时无产出，或产出少，而且抚育产品受市场影响较大，导致营林主体在营林过程中出现收不抵支的现象。通过调查发现，样本职工认为影响林业补助政策实施成效最主要的影响因素是补助标准，认为补助标准偏低的人数占比为：2016年86%，2017年90%，2018年70%。林场职工一直要求提高林业补助标准，而且需求迫切。

表5.13　样本职工认为林业补助政策的重要特征　%

年份	长期执行	公平合理	贴近实际	追求实效
2016	54	20	28	6
2017	60	8	26	6
2018	60	8	26	6

2.农户的政策评价

（1）林业补助政策实施主体的评价

林业补助项目的不同实施主体，会影响到林业补助政策的实施效果。在林业补助项目的主体选择问题上，调查结果显示，获得林业补助的样本农户普遍认为农户自己（即普通散户）是林业补助项目的最佳实施主体，因为林业补助资金可以增加家庭经济收入，还能够提高自家林分质量，一举两得。此项数据在2016年，人数比例为92%，而2017年、2018年这一比例下降至47%，比例上升的选项为合作社，从2016年的1%增长至占比28%（表5.14），反映出农户在林业经营策略上有所调整，趋于规模化经营。

表5.14　样本农户认为林业补助政策最佳的实施主体

%

年份	普通散户	大户	专业队	合作社	村集体
2016	92	0	5	1	2
2017	47	19	5	28	2
2018	47	19	5	28	2

（2）对林业补助内容的认知

国家实施林业补助政策的目的之一就是调动广大营林主体的营林积极性，增加森林面积、提升森林质量。调查发现，在包括按生态效益补偿、经营山林面积等补助对象的选项上，样本农户主要认为按照实际经营山林面积进行直接补助是调动农户营林积极最有效的手段（表5.15），即林业补助资金应该按照“多劳多得、少劳少得、不劳不得”的原则进行发放，这一数据从2016年的人数比例的41%提升到2018年的79%，农户对于政策实施内容的评价趋于一致。

表5.15　样本农户认为林业补助政策资金的方法方式

%

年份	按生态效益补偿	按商品材数量补助	按经营山林面积补助	对种苗等进行补助	取消采伐限额
2016	5	3	41	49	3
2017	20	2	79	0	0
2018	20	2	79	0	0

（3）对林业补助政策需求的评价

农户在从事林业生产过程中会遇到各式各样的问题，进而影响到工程的实施进度和到工程质量，影响到农户的营林积极性，这些问题均需要政府通过“有形之手”给予协调和解决。调查发现，样本农户在林业生产过程中遇到的最大问题是出现收不抵支的问题，农户希望通过林业补助政策的实施有所补偿，但是10年林业补助政策的实施，没有达到农户的期望值；再加上一直未进行调整的林业补助标准，未能紧跟市场经济的发展，农户对提高补助标准需求迫切，人数比例为95%。其次是基础设施建设的需求，如修路和水、电、通讯设施（表5.16）。

表5.16 样本农户对林业补助政策需求的认知评价 %

年份	修路	水、电、通讯设施	培训、信息	林业补助	保险	融资	其他
2016	27	1	1	73	1	1	1
2017	5	1	0	95	0	0	0
2018	5	1	0	95	0	0	0

（二）农户经营意愿分析

1.经营成本上涨会降低农户的经营意愿

随着社会经济的发展，导致材料费、人工费等呈现逐年上涨的趋势，随之带来的就是营林成本的增加，对营林主体的家庭收入造成直接的影响，进而影响农户的经营意愿。针对此项调查，将营林成本涨幅设置成6个梯度：1%～20%、21%～40%、41%～60%、61%～80%、81%～100%、>100%，2016年调查结果显示，涨幅达到41%～60%时，55%的农户考虑放弃山林经营，而到了2018年，则有67%的农户表示涨幅在1%～20%区间便会放弃山林经营（表5.17），表明物资成本上涨对农户造成的巨大经济压力，也体现出林业补助政策实施的必要性，在缓解农业营林过程中的经济压力有着重要的作用。

表5.17 营林成本涨幅对样本农户放弃营林意愿的影响 %

涨幅	1%～20%	21%～40%	41%～60%	61%～80%	81%～100%	>100%
2016年	3	42	55	0	0	0
2017年	6	10	84	0	0	0
2018年	67	0	33	0	0	0

2.农户试图通过建立家庭林场扩大营林规模

林地流转有利于集约化经营，对提高工作效率，降低农户营林成本，提升森林质量有着促进作用。通过调查发现，当林业补助政策实施以后，农户愿意通过土地流转扩大森林经营规模这一人数占比2016年为20%，2017年提升至79%，2018年则增长至90%，比例不断攀升。而对扩大营林规模的方式选择上，2016年，58%的农户认为最佳方式是加入合作社，其次是29%的农户选择建立家庭林场，而到了2018年，选择加入合作社方式的人数比例下降到40%，建立家庭林场的人数比例提升至45%（表5.18）。由加入合作社到建立家

表5.18 样本农户认为扩大规模的最佳方式 %

年份	建立家庭林场	参加专业队	加入合作社	其他
2016	29	10	58	3
2017	49	11	40	1
2018	49	11	40	1

庭林场的转变，可以看出，农户在长期经营过程中，总结了大量经验，在营林技术方面得到了显著提升，农户以家庭为单位进行林业经营的能力明显加强。

五、林业补助政策存在的问题与建议

（一）存在的问题

综上所述，自2009年实施以来，中央财政林业补助政策取得了明显的效果，无论是国有林还是集体林，对增加营林主体的经济收益、提高营林积极性、增加森林资源数量、提高森林资源质量，有效减少营林风险等方面均有着显著性的影响。但是仍然存在一系列有待解决的问题。

1.现行林业补助标准难以跟上快速增加的营林成本

辽东地区和辽西地区自然条件迥异，林业生产过程各具特色，林业补助政策的实施效果自然不同，对农户在林业经营方面产生的激励效果也存在差异。

造林成本而言，辽东地区的造林成本约为4320元/公顷；辽西地区的造林成为约为14151元/公顷。辽东地区的造林活动主要是采伐迹地造林，其补助标准为1500元/公顷，辽西地区的造林活动主要是营造乔木林，其补助标准为3000元/公顷。森林抚育成本而言，透光抚育约为5400～8400元/公顷，最高可达9000元/公顷；生长抚育约为21600元/公顷，割灌除草雇工费用为2400～2550元/公顷，割灌除草加上修枝雇工费用为3900元/公顷，现行的森林抚育补助补助标准为1500元/公顷，远远低于实际抚育成本。

通过以上对比分析可以看出，现行的造林和抚育补助标准在一定程度上补偿了营林成本，但缺口仍然较大，农户为了降低成本，在抚育过程中不进行集材和运输，再加上受市场的影响，使得多数抚育物被留在林地内，未被利用，影响了农户林业收入，导致林业补助激励效果大打折扣，也会使工程质量受到影响。

2.存在多种造林补助标准，影响中央财政补助成效

朝阳县享受造林补助项目有中央财政支持的造林项目、三北防护林造林项目、欧洲投资银行的造林项目，三个造林项目给予的补助标准分别是：欧洲投资银行按照造林项目的具体实施环节产生的费用进行实报，平均为18000元/公顷，三北防护林造林补助标准为7500元/公顷，中央财政支持的造林补助标准为3000元/公顷，中央财政支持的造林补助标准相对较低。

中央财政支持的造林补助标准较低，而项目作业设计、树种选择、造林方法、检查验收等技术要求与其他两个项目均相同，朝阳县农户对完成中央财政支持的造林项目积极性不高，造成辽宁省林业和草原局在下达中央财政支持的营林项目补助任务时，有着一定的困难。

3.农户对林业补助政策的理解存在误区

调查发现，森林抚育时，尤其是中幼龄林的森林抚育，无产出或产出较少，再加之市场因素的影响，使得农户无经济收入或收入有限。而农户往往只注重经济收入，认为既然给予林业补助，应该把农户亏本部分全部给予补助。导致农户对林业补助政策的认识存在一定的误区。

（二）政策建议

近些年林业补助政策的实施，惠农效益显著，赢得了各级行政部门、广大林场职工和农户的一致好评。参加林业补助项目的营林主体和个体均受到不同程度的经济补助，提高了农户经济收入，缓解了营林过程中营林主体的经济压力，提高了营林主体的经营积极性，在改善林分质量，提高森林资源生态效益，增强森林碳汇功能等方面起到了积极的促进作用；与此同时，在林业补助项目实施过程中，提供了大量的就业岗位，成为解决农村剩余劳动力的一种重要途径，发挥了促进社会稳定和谐发展的社会效益。

在调查过程中，无论是农户，还是林场（职工）等不同群体对林业补助政策的实施效果是普遍认可和赞同的，但是也存在着一些急需解决的问题。项目组归纳出职工和农户提出的问题，主要从资金、管理以及技术3个方面提出完善林业补助的相关政策建议。

1. 资金建议

（1）实施动态差异化林业补助标准

调整林业补助标准是广大林业主体的迫切需求，究其原因，首先是由于材料费的上涨导致育苗成本较高，加之政策影响（限价销售），国有林场的育苗成本远远高于销售价格，林场享受林木良种培育补助时出现经营逆差，林场需要自行填补差额；其次随着社会经济的发展，劳动力价格逐年上涨，营林成本不断提高，而现行的林业财政补助标准没有随之提高，导致现行的林业补助政策对营林主体的林业生产活动所产生的实效逐年减弱；最后是森林抚育产出少，尤其是中幼龄林抚育，且受市场影响，很多林产品卖不出去，或低价售出，这就使得营林主体在从事林业生产过程中出现收不抵支的现象。这些现象据需要通过政府的有形之手给予调控，缓解营林主体在林业生产经营过程中的经济压力。

因此，建议实施与林业生产成本挂钩的动态化林业补助标准。林业补助标准可以以3～5年作为一个调整周期，按照不同地区的经济发展水平、林分质量、生产环节等因素给予营林成本30%～40%的补助，改变传统中央财政林业补助标准“一刀切”局面，有条件的省、地（市）级财政还可以辅以营林成本的10%～20%进行配套支持。解决营林主体在营林过程中收不抵支的问题，提高营林主体的积极性。

（2）增设造林管护补助

俗语说“三分造、七分管”，在造林后成林前给予精心的管护，对于提高造林成活率，达到造林预期成效起到举足轻重的作用。目前，国家的造林补助政策只针对造林施工环节，而对造林后的3～5年未成林管护期却没有补助政策。亦即只有造林补助，没有管护补助，往往是造林一片、放任一片，成林与否，难以保证。增设造林管护补助，可以更好地促进成林前管护期的经营质量，促进林分生长，提高林分质量。

（3）增设林业机械补助

当前，森林资源经营过程中机械应用已非常广泛。林农强烈希望在林业机械购置方面能够获得政策支持，减免费用，降低经营成本。尤其是集体林经营农户，通过机械补助能够提高个体农户营林机械购置能力，自主完成森林抚育任务，改变受限于机械器具只能转包给“专业队”的局面。

2. 管理建议

（1）加强补助政策宣传力度

调查发现，无论是林场职工还是农户仍有部分个体对林业补助政策知之甚少或认识不全面，加大林业补助政策的宣传，有利于扩大林业补助政策的影响，引导地方政策和社会群众参与林业建设工作，及时公开林业补助信息，对具体事项、条款进行解读，能够使营林主体更加充分理解林业补助的政策内容和相关要求。从国家到地方，各个层面尤其是基层林业部门应加强宣传力度，制定宣传方案，有针对性、有层次地进行渗透和解读，使林业补助政策更加深入人心。

（2）精简环节，健全管理监督制度

调查发现，农户享受森林抚育补助需要遵照一系列的环节：编制作业设计—通过审批—施工作业—申请验收等，这些环节农户往往无法自主完成，需要基层技术员的帮助和指导，营林农户多而分散，造成了基层技术员工作任务繁重，导致任务周期延长，工程质量降低，基于以上原因，农民强烈要求简化程序，以提高工作效率。另一方面，在资金拨付时间方面，实行先验收后拨款的方式，补助资金具有滞后性，营林主体需要先行垫付，承受一定的经济压力，降低了营林主体经营积极性，也影响了林业补助政策的实效性。相关检查机构应围绕政策落实的各个重要环节，对林业补助政策执行的管理制度、实施细则或操作规程进行调整和完善，将补助资金的分配、拨付等各环节制度化，确保监督工作及时有序，有章可循。

（3）加强信息普及，提升管理水平

林业补助资金的发放是通过银行直接转入农民账户这种方式，享受补助的营林项目经主管部门验收合格后，由县级地方人民政府统一拨付。但农户享受的补助种类多、标准各异，在林业补助资金发放时，农户一卡通账户上信息量较少，农民对于收到的补助资金具体分项细则并不确切，对于林业补助政策的了解并不详细，因此建议补助资金发放时在一卡通账户上增加信息量，如资金名称、补助标准、补助面积，资金总额等相关信息，使农户一目了然，既减少了基层单位林业主管部门的工作量，也是对林业补助政策的有效宣传与解读。

3.技术建议

（1）合理确定受损面积，有效帮助营林主体灾后重建

森林受到自然灾害破坏后，参加森林保险的主体会收到保险公司相应的赔偿。赔偿金额与受损面积呈正相关，赔偿金额=每亩保险金额×损失程度×受损面积，其中受损面积按照株数进行折算，但受害株数不能完全代表受损面积，如受害株数在70%～80%时，营林主体在灾后往往需要对整个林分进行重建，即保险覆盖不到位，因此建议全林受害株树在70～80%以上时，受损面积按100%计算，进行相应保险赔付。

（2）加强专业队伍的培养，提高专业技能水平

目前，辽宁省内享受补助的营林项目有相当一部分由专业队完成。专业队是由一些多年从事营林项目具有丰富经验的农户组成，技术水平相对较高，营林任务完成相对较好，但具有人员流动性强、队伍不稳定等特点，且老龄化日渐严重。因此，为了提高林业建设水平，培养精于现代化造林抚育工作的专业人才，应建立专业培训体系，培养具有一定专业水平的林业施工队伍，着重培训先进的机械化操作内容，并实行监督考核准入制度，以保证从业人员专业素质，推动营林工作现代化、规范化、高效化，提升森林资源质量。

（执笔人：徐毅　付丽梅　吴欣然）

贵州省报告

一、概　况

（一）监测背景

森林是土壤圈生态系统的主体，是防止水土流失的关键因素。森林资源遭到破坏，就会随之出现石漠化、荒漠化、土地沙化等问题。贵州省作为国家生态文明试验区，生态区位尤其重要，于2017年开始纳入国家林业和草原局经济发展研究中心中央财政林业补助政策效益监测试点。

贵州省2003年森林覆盖率20.81%，2008年增加到23.83%，2012年全省森林覆盖率上升到31.61%，2014年全省的森林覆盖率达37.09%，到2016年底，全省林地面积达到880万公顷（1.32亿亩），全省森林面积达到863.22万公顷（1.29亿亩），森林覆盖率达到52%，森林蓄积量为4.01亿立方米①。2018年以来，贵州省坚持以习近平新时代中国特色社会主义思想为指导，全省共完成营造林520万亩，抚育森林600万亩，其中，人工造林308.87万亩、封山育林126.52万亩，退耕林修复84.61万亩，已建成国家森林城市2个，省级森林城市32个、森林乡镇70个、森林村寨193个、森林人家1100户，贵州省的目标是2020年全省森林覆盖率达到60%以上。

毕节市威宁彝族回族自治县（以下简称威宁县）地处贵州西北之巅，既是“四江之源”（即乌江、横江的发源地，牛栏江的西源、东源，珠江的北源），具有重要的水源涵养功能，同时又是典型的喀斯特地形地貌区，生态系统脆弱。威宁县作为国家级贫困县、多民族自治县，人口众多，农业生产压力大，民族间的文化、习俗以及生活方式的差异，这也使当地的生态文明建设存在困难。通过对威宁县林业补助政策的实施情况的调查，并结合贵州省全省营造林目标，由点到面，对贵州省实施中央财政林业补助政策至今所取得的成效、存在的问题与困难、农户对林业补助政策的满意度（意见和建议）、政策需求进行监测与评价。

（二）威宁县概况

威宁县位于贵州省西部，其西北部、西部和南部分别与云南省的彝良、昭通、鲁甸、会泽、宣威等县接壤，2018年威宁县年末常住人口为129.18万人，比上年末增加1.09万人，地区总产值260.93亿元，同比增长11.4%。威宁县总面积6296.3平方千米，平均海拔2200米，是贵州省面积最大、海拔最高的县。威宁县属亚热带季风气候，年均气温11.2℃，1月月均气温3.9℃，7月月均气温17.0℃，年降水量739毫米，年平均日照数为1812小时，具有低纬度、高海拔、高原台地的地理特征，林木年综合生长率仅为2.5%，为当地的营林造林工作增加了很大的难度。年均降水量少且年平均日照数长，使得区域内石

---

① 贵州省林业厅，《贵州省森林资源现状》2019年7月，http://www.gzforestry.gov.cn/xwzx/gzlq/qcgl/201612/t20161222_1593119.html

漠化等情况较为突出，区域内石漠化面积90852.9公顷，占全区土地总面积14.4%。

1956年前，威宁县森林面积23.57万公顷，森林活立木蓄积量1765.98万立方米，森林覆盖率为35%以上；1986年森林面积下降为12.23万公顷，森林活立木蓄积量降到484.19万立方米，森林覆盖率降为23.7%。2017年，威宁县森林面积增加到34.89万公顷，森林覆盖率增加到49.02%，林木蓄积量增加到460.83万立方米，水土流失面积减少约4.3万公顷。

2018年，威宁县林业用地面积381.29万亩。完成营造林面积40万亩，其中巩固退耕还林成果专项资金项目2.75万亩、石漠化综合治理工程3.42万亩、植被恢复费项目0.47万亩、新一轮退耕还林8.17万亩、县乡村造林15.2万亩、其他9.99万亩；完成石漠化综合治理24平方千米；治理水土流失面积24平方千米。同年，中药材种植面积5769公顷，比上年增长18.48%；年末实有茶园面积1880公顷，比上年增长31.8%；年末果园面积6148公顷，比上年增长1.7%。水果、蔬菜、中药材产量分别比上年增37.2%、8.83%、12.05%。

（三）威宁县林业补助政策效益监测概况

2017年中央财政下达威宁县森林生态效益补偿资金1119.67万元，其中集体部分569.35万元，个人部分550.32万元。2017年省级财政下达威宁县森林生态效益补偿资金406.4万元，现已全部兑现。2017年市级财政下达威宁县森林生态效益补偿资金304.8万元。

2018年中央财政下达威宁县森林生态效益补偿资金1119.67万元，其中集体部分609.6万元，个人部分510.08万元。2018年省级财政下达威宁县森林生态效益补偿资金508万元。2018年市级财政下达威宁县森林生态效益补偿资金381万元。

威宁县改变以往由林业站承包造林的单一传统模式，通过由林场、合作社、造林大户、自然能人承包造林，以此增加营造林效益。按照先建后补的方式承包造林，分三年验收，第一年验收合格兑现50%承包费，第二年验收合兑现20%承包费，第三年验收合格兑现30%承包费。先建后补分为两种形式：一是在没有项目工程的情况下，实行造林补助申请备案制度，造林单位或个人可以向林业部门申请造林补助申请，林业部门备案并公示，一旦有项目工程时按申请的先后顺序、工程项目的要求，对于符合项目要求的，按照先后顺序列入项目规划设计经批复后，列入项目实施，经检查验收合格后给予补助；二是对于已下达有项目工程的则直接签定承包合同，分年度验收合格兑现承包费。

为了准确地反映威宁县林业补助政策的实施成效，以普遍性、差异性、典型性和可比性为原则，综合考虑林业发展的整体水平、调查对象等因素，选取小海镇（松山村、银光村、小海村）、双龙镇（水潮村、凉山村）、金钟镇（大营村、米斗村、树林村）、哲觉镇（论河村）为调查样本，共监测209户。为了使调查数据具有充分的代表性和准确性，调查方法主要有：资料搜集法、访谈法、问卷法以及其他辅助方法。

二、农户层面林业补助政策监测评价

（一）农户基本特征分析

1.受访农户家庭基本情况

（1）受访农户年龄分布

根据调查，25岁以下被访者占总人数的2%，这是由于青年外出务工情况导致的，在乡就业得不到满足；25～40岁的占被访者人数的20%，这部分被访者是就近务工或继续从事农业；40～60岁的占被访者人数的64%，占比较高，他们外出务工不占优势；60岁以上的占被访者14%，留守的老人仍然存在。监测对象年龄分布较为集中在中年，这也是当地实际情况决定的，一家之主主要的年龄阶段是中年。农户的年龄分布与政府政策执行程度有关，一般认为农户年龄越大，农户对林业补助政策越认可，政策执行的越充分。受访农户的年龄主要集中在46～55岁之间，说明其对国家林业补助政策是认可的。究其原因：一方面年龄比较大的受访农户经历了生态环境由差到好的一个转变过程，感受到了政策带来的变化，从而从内心支持国家相关政策；另一方面，由于山区生活艰苦，稍年轻的农户都外出打工，对家乡的情况关心的表示较少，或者表示无所谓的态度。

（2）受访农户文化程度和务工情况分布

受访农户文化水平普遍偏低，受教育程度主要集中在小学，占总体受访农户比例为70.27%，受过高中、大学及以上教育的农户所占比例很低，还不到总体受访农户的10%（图6.1）。而且年龄段越高，受教育程度越低，小海村受访农户中，56岁及以上基本没读过高中，年龄越小，受教育程度越高，读过大学的都在40岁以下，这也表明，未来小海村村民受教育水平会越来越高。农户文化程度是人其认识事物和决策的主要影响因素之一，一般认为，农户的受教育年限越长，对国家政策理解的越透彻，接受国家政策的能力越强。受访农户文化水平主要分布在小学阶段，其不能全面恰当的理解国家林业补助政策，不利于国家政策的执行。

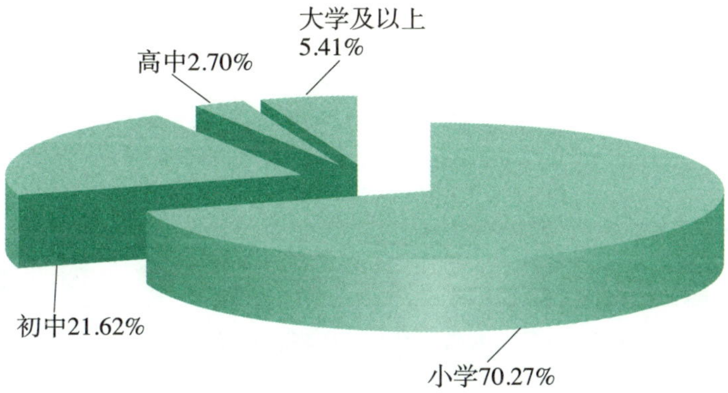

图6.1　受访农户文化程度分布

2.农户家庭收支情况

（1）受访农户家庭收入情况

受访农户家庭收入中，工资性收入占主要部分，占比48.09%，其次是农业收入，占比24.17%。比例最少的是转移性收入，占比为5.81%，其中退耕还林补助在农户家庭收入中占比2.87%（图6.2）。

（2）受访农户家庭支出情况

从图6.3看出，生活消费支出占受访农户家庭支出很大比例，接近90%。其中，食品支出占总支出的17.62%，医疗卫生支出占总支出的15.22%，受访农户人情往来支出在家庭总支出中占了很大比例，占比为11.29%。从中还可以看出，农户对农林投入比较少，对农业投资成本占总支出的9%，对林业投入成本还不到总支出的1%。

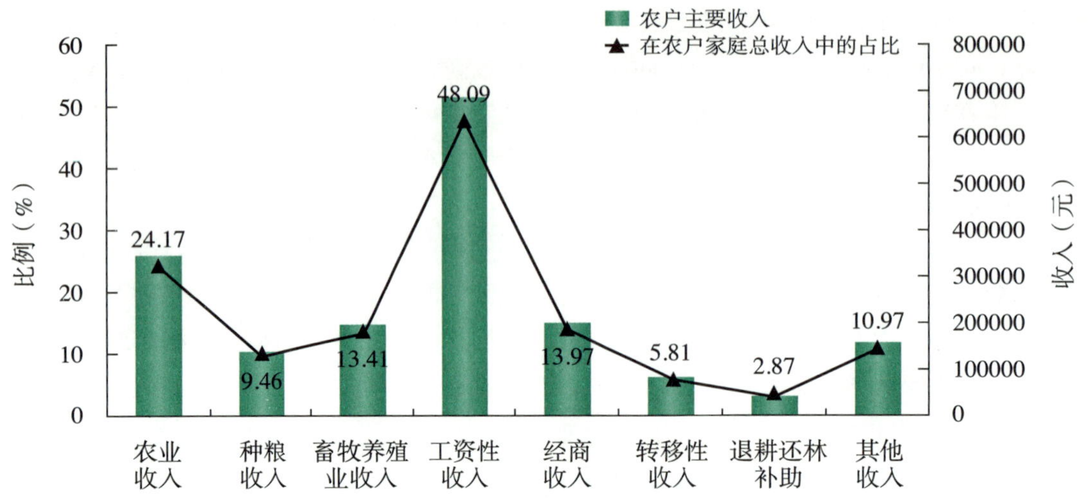

图6.2　农户家庭收入分布

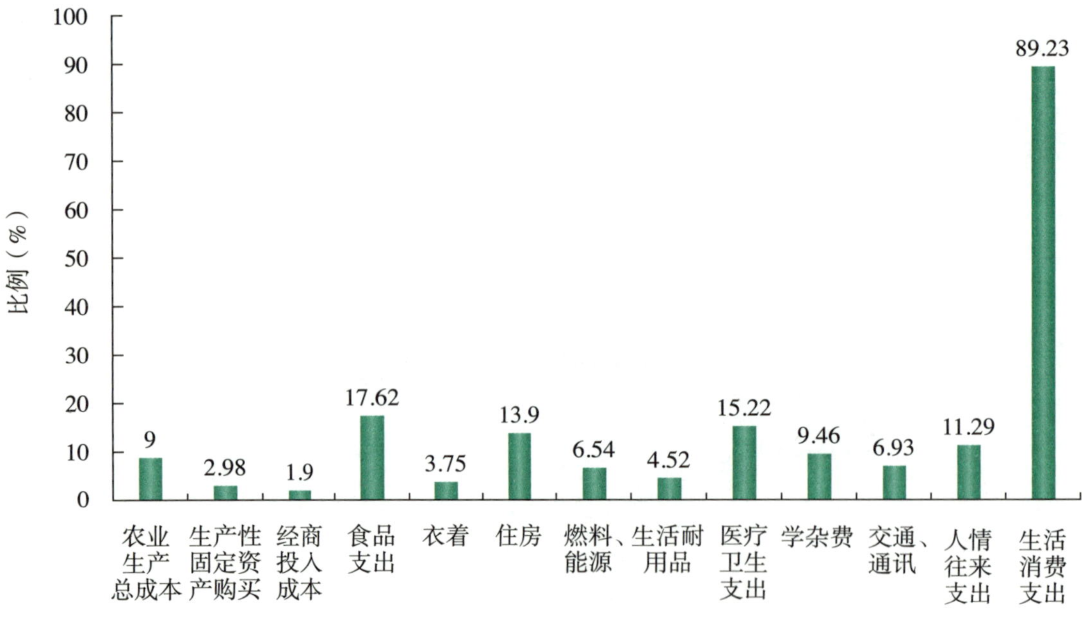

图6.3　各类支出占农户家庭总支出比例分布

统计结果显示只有18.9%的受访农户家庭有结余，80%的受访农户家庭每年收入不够消费支出，有78.37%的受访农户有贷款，主要是用来买牲畜或补助生活用。贷款渠道一般是农村信用社，需在一年之内还清，如果一年到期还不上借款，信用社就不会再借款给农户。

3.家庭经营土地状况

村民主要种植玉米、马铃薯。购买玉米种子、马铃薯种子、化肥、农机等共投入农业生产成本占调研农户家庭总支出的9%。林业投入只占调研农户家庭总支出的0.81%。究其原因：一方面，威宁县是典型的喀斯特石漠化地区，粮食产量低，如遇自然灾害，只有投入成本没有产量，例如小海村2016年遭遇自然灾害，耕地被淹没，种的玉米基本没有收成；另一方面，当地经济比较落后，农户每年收入的90%左右用于生活消费支出，而且目前山林主要种植青松、竹柳等非经济林木，不能给农户带来收益，农户山林投入的积极性不高。

受访农户家庭拥有的耕地和林地面积都比较小；受访农户家庭耕地和林地面积在小于等于5亩所占比例最大，超过了受访农户家庭数量的一半；其次为大于5亩小于等于10亩，分别占受访农户家庭数量的28.57%和31.43%；拥有15亩以上的受访农户家庭数量最少，只占受访农户家庭数量的14.29%和2.86%（表6.1）。受访农户家庭拥有的林地比较集中，但是面积比较小，拥有一块林地的受访农户家庭占受访农户家庭总数的74.29%，拥有3块林地的受访农户家庭占受访农户家庭总数的比例还不到3%。被监测户家庭平均人口数量为5人，这说明威宁县的大部分村庄人多地少。一方面，人均耕地面积小，存在与林争地的风险。农户对林业补助标准不满意或林业补助期限到期停止补助后，农户极有可能毁林开垦。另一方面，农户的林地面积越小越倾向于把林地划为生态公益林，自己外出打工，减少对林业的投入，缺少对公益林的管护，不利于公益林建设。为了避免这一现象的发生，政府各级部门在制定林业政策时一定要与当地的实际情况相结合，不能“一刀切”。从起源上看，91.43%的林都是人工林，只有8.57%是天然林，这与历史背景是相关的，

表6.1 受访农户家庭土地情况分布

项 目	类 型	频数（户）	所占比例（%）
耕地面积（亩）	≤5	107	51.43
	(5, 10]	60	28.57
	(10, 15]	12	5.71
	>15	30	14.29
人均耕地面积（亩）	≤1	96	45.71
	(1, 2.5]	78	37.14
	≥3	35	17.14
人均林地面积（亩）	≤1	113	54.29
	(1, 2]	78	37.14
	>2	18	8.57
林地面积（亩）	≤5	119	57.14
	(5, 10]	66	31.43
	(10, 15]	18	8.57
	>15	6	2.86
林地地块数量（块）	1	155	74.29
	2	48	22.86
	3	6	2.86

（续）

项　目	类　型	频数（户）	所占比例（%）
起源	天然林	18	8.57
	人工林	191	91.43
林龄	幼龄	102	48.65
	中龄	102	48.65
	成熟	5	2.70
林种	防护林	198	94.59
	经济林	11	5.41

“大炼钢铁”时期，大规模森林被砍伐与毁林开荒，森林覆盖率直线下降，导致原有的天然林比例极小。改革开放后，进行生态建设，建设“开发扶贫、生态建设”实验区，进行大规模植树造林。从林种和林龄上看，94.59%的林地为防护林，只有5.41%的林地为经济林，而且大部分处于幼龄和中龄阶段，仅2.7%的处于成熟阶段。因此，短期内不能给受访农户带来收益，农户造林护林积极性大打折扣，甚至毁林开垦。

（二）农户对林业补助政策的了解分析

1.农户对林业补助政策的了解

（1）调查结果显示，2017年了解林业政策的受访农户很少，只有18.92%的农户了解或基本了解林业政策，有81.08%的农户不了解林业政策，后者是前者的4倍还多。相比较，2019年对林业政策了解的农户数量增加，有48.65%的农户了解或基本了解林业政策，大约是2017年的了解林业政策农户数量的2.6倍。尽管如此，2019年仍有大量农户不了解林业政策，其占受访农户的一半以上，占比51.35%（表6.2）。

表6.2　农户对林业政策的了解情况分布

指　标	农户对林业政策的了解情况			
	2017年		2019年	
	了解或基本了解	不了解	了解或基本了解	不了解
数量（户）	40	169	102	107
比例（%）	18.92	81.08	48.65	51.35

（2）从表6.3和图6.4中可以看出，2019年农户获取林业补助政策的渠道中，有59.46%的受访农户通过林业工作站或乡镇政府获取林业补助政策相关信息，18.92%的受访农户通过村干部获取相关信息，10.81%的受访农户通过亲邻朋友获取信息。通过电视、报纸、广播等大众传媒获取林业补助政策信息的受访农户数量很少，占比2.70%，而几乎没有受访农户是通过合作社或协会获取林业补助政策信息的。

表6.3 农户获取林业补助政策的渠道统计

指 标	获取林业补助政策的渠道					
	媒体	村干部	亲邻朋友	合作社或协会	村务公开栏	林业工作站或者乡镇政府
比例（%）	2.70	18.92	10.81	0.00	8.11	59.46
数量（户）	6	40	23	0	17	124

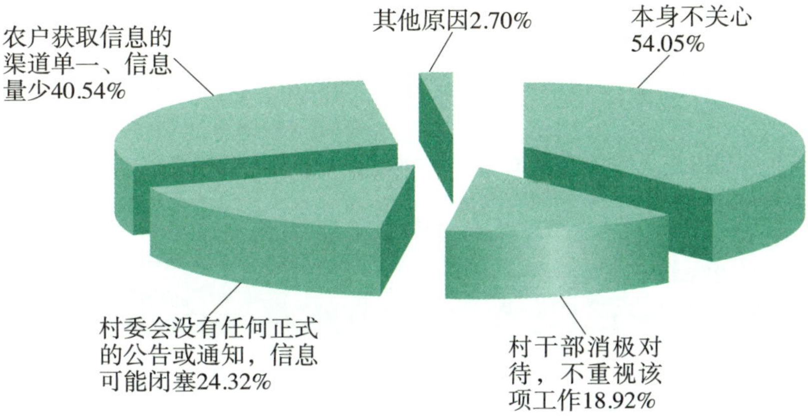

图6.4 2017年受访农户对林业补助政策不了解的原因分布

（3）受访农户对林业补助政策了解不够，究其原因有以下几点：最主要的原因是农户本身不关心，占比54.05%。一方面，随着城镇化的推进，农业投入成本上升而农业产出降低，越来越多的农民选择进城务工，导致很多土地撂荒；另一方面，每亩林地林业补助金额少，退耕还林补助只占受访农户家庭总收入的2.87%。其次是农户获取信息的渠道单一、信息量少。由于大多数农户居住在贫困落后的山区，这些地区道路、通信设施落后，广播、电视、报纸、书籍等大众媒体传播信息的效果不明显。农户只能通过林业工作站或者乡镇政府、村干部、亲邻朋友等获得林业补助政策的相关信息。另外村委会没有任何正式的公告或通知，信息可能被封闭或村干部消极对待，不重视该项工作。在山区，一个村或一个小组的农户居住地就很分散，而且农户与农户之间距离很远。即使村委会或村干部贴公告或下通知，村民很难能聚集起来。并且还有少量的农户常年在外打工，对村里的消息基本不知情（图6.4）。

（4）43.24%的受访农户认为政府发给林业补助的最主要目的是农户不愿经营山林了，通过补助稳定生态，提高积极性。究其原因主要是树木生长周期长，短期内不会给农户带来收益，故农户经营山林的积极性不高；32.43%的受访农户认为政府发给林业补助的最主要目的是经营山林辛苦，通过补助，保证我们最低收入；13.51%的受访农户认为政府发给林业补助的最主要目的是生产资料涨价厉害，成本提高，补助我们。此外，还有10.81%的受访农户认为不清楚政府发放林业补助的目的（表6.4）。

由于农户居住在偏远山区，生活贫困，故60.00%的受访农户拿到林业补助的第一反应是可以花到其他地方，手头不会那么紧张了；退耕还林后农户耕地减少，担心粮食不够

表6.4 政府给补助最主要目的分布

指标	在农户看来政府给补助最主要目的			
	经营山林辛苦，通过补助，保证我们最低收入	生产资料涨价厉害，成本提高，补助我们	农户不愿经营山林了，通过补助稳定民心，提高积极性	其他
比例（%）	32.43	13.51	43.24	10.81
数量（户）	68	28	90	23

吃，故有31.43%的受访农户拿到政府林业补助的第一反应是不用太担心收成不好，有补助，可以省心了；拿到补助后，只有8.57%的受访农户反应是投入林业生产（表6.5）。

表6.5 农户拿到林业补助的第一反应分布情况

指标	农户拿到政府林业补助的第一反应		
	可以增加林业投入	不用太担心收成不好，有补助，可以省心了	可以花到其他地方，手头不会那么紧张了
数量（户）	18	66	125
比例（%）	8.57	31.43	60.00

2.农户对林权抵押贷款的了解

调查结果显示，受访农户家庭均没有林权抵押贷款情况。由于受访农户生活贫困，受教育程度低甚至没上过学，几乎没有受访农户了解林权抵押贷款政策，即使听说过该政策也不懂是什么意思。只有2.86%的受访农户了解林权抵押政策，97.14%的受访农户不了解相关政策。在转入地能否抵押方面，48.57%的受访农户认为转入地不能够用来抵押贷款，还有51.43%的受访农户不清楚转入地能否用来抵押贷款（表6.6）。可见，受访农户非常不了解林权抵押贷款政策。

表6.6 农户对林权抵押贷款的了解情况分布

指标	受访农户家庭有林权抵押	对林权抵押贷款政策的了解程度		转入地能否抵押		
		了解	不了解	能	否	不了解
数量（户）	—	6	203	—	101	108
比例（%）	—	2.86	97.14	—	48.57	51.43

3.农户对森林保险的了解

根据表6.7可知，有64.86%的受访农户没有听过也没有参加过森林保险，有35.14%的受访农户听说过森林保险，受访农户均没有参加过森林保险。

在森林保险的需求方面，有34.29%的受访农户有森林保险需求，65.71%的受访农户对其没有需求，其原因主要是受访农户文化水平低，对森林保险不了解，从内心深处对其抵触。此外，大部分农户认为，如果发生火灾等自然灾害，也是政府或林业部门等相关部门的责任，认为没必要自己花钱购买森林保险（表6.8）。

表6.7 农户对森林保险了解程度分布

指 标	农户对森林保险的了解程度		
	听说过	没有听说过	参加过
数量（户）	73	136	0
比例（%）	35.14	64.86	0.00

表6.8 农户对森林保险需求情况分布

指 标	是否需要森林保险		农户参加森林保险愿意承担的保费比例					
	需要	不需要	0%	5%	10%	20%	30%	30%以上
数量（户）	72	137	90	36	30	24	12	17
比例（%）	34.29	65.71	42.86	17.14	14.29	11.43	5.71	8.57

表6.9 林业补助政策对经营山林的作用分布

指 标	林业补助政策对经营山林积极性是否有促进作用	
	有	没有
比例（%）	89.19	10.81
数量（户）	178	31

农户参加森林保险愿意承担的保费比例方面，大部分受访农户家庭不愿意承担部分森林保险保费，其在受访农户中占比42.86%。17.14%的受访农户愿意自己承担5%的保费，14.29%的受访农户愿意自己承担10%的保费，11.43%的农户愿意自己承担20%的保费，5.71%的农户愿意自己承担30%的保费，还有8.57%的农户愿意自己承担30%以上的保费。

（三）农户对林业补助政策的评价

1.补助政策对经营山林的作用

大部分被监测农户认为林业补助政策对其经营山林积极性有促进作用，其数量占受访农户的89.19%；另外的10.81%的农户认为林业补助政策对其经营山林积极性没有促进作用（表6.9）。究其原因，主要有以下几点：最主要的原因是补助数额太低，对提高林业比较效益作用不大；补助分批次拨付，资金量小，激励效果有限。此外，还有补助不及时，促进作用有限；上级政府或村委会发放补助时有违反政策扣留补助款或挪用等原因。

根据209户受访农户实地调查数据统计：①去向获得林业补助受访农户询问“您认为林业补助政策对您经营山林积极性有促进作用吗”时，85.71%的补助户表示确实有促进作用（图6.5）。②分析被监测农户对林业补助政策评价情况（图6.6），50%的农户认为政策很好，得到了实惠，35.12%的受访农户表示一般，11.90%表示很差，受访农户吃亏了，

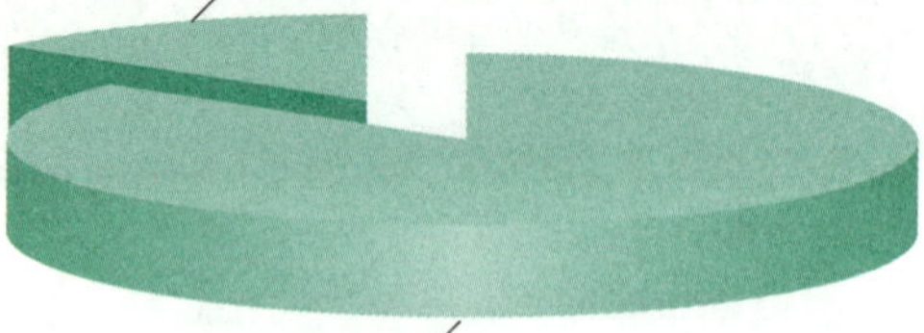

图6.5 林业补贴政策对农户经营山林是否有促进作用所占比例

图6.6 农户对近几年的林业政策评价

2.98%的受访农户表示不清楚。可以看出，一半的农户对林业补助政策表示满意的，但有一半的农户表示对林业补助政策不太理想，说明了林业补助政策在当地的实施效果还需进一步提高。

2017年被监测农户对林业政策表示满意的占43.08%，2019年被监测农户对林业政策表示满意的占52.69%，满意度占比增加了9.61个百分点。2017年的农户对林业政策表示一般的占51.54%，2019年的农户对林业政策表示一般的占40.72%，对林业政策表示一般所占比例比2017年减少了10.82个百分点，2017年农户对林业政表示不满意的占5.38%，2019年农户对林业政策表示不满意的占6.59%，农户对林业政策表示不满意所占比例比2017年增长了1.21个百分点。被监测农户对林业政策的满意程度逐年呈上升趋势，而表示对林业政策表示不满意的受访农户近一年中，有上升的趋向，但是上升的幅度很小，说明了近几年来的林业政策逐渐地完善，被监测农户觉得在从中得到了实惠，所以更加关注。

假设农户不再享受林业补助政策，40.54%的农户经营山林的积极性会下降。在他们看来，如果没有林业补助，经营山林还不如种玉米、土豆等农作物收入多。54.05%的农户营林积极性不受影响，认为经营山林能绿化环境，防治山体滑坡等，生态效益好。此外，那些干枯的树木还可以烧火做饭。还有5.41%的受访农户不清楚是否会影响自己营林积极性（表6.10）。可以发现，实施林业补助政策对接近90%的受访农户营林有促进作用；林业补助政策取消（假设）后，40.54%受访农户营林积极性下降。可见，林业补助政策的实施对促进农户营林积极性发挥了很大的作用。

表6.10 不再享受林业补助政策对农户经营山林影响的分布

指 标	假设不再享受林业补助政策，是否会影响营林积极性		
	会	不会	其他
数量（户）	85	113	11
比例（%）	40.54	54.05	5.41

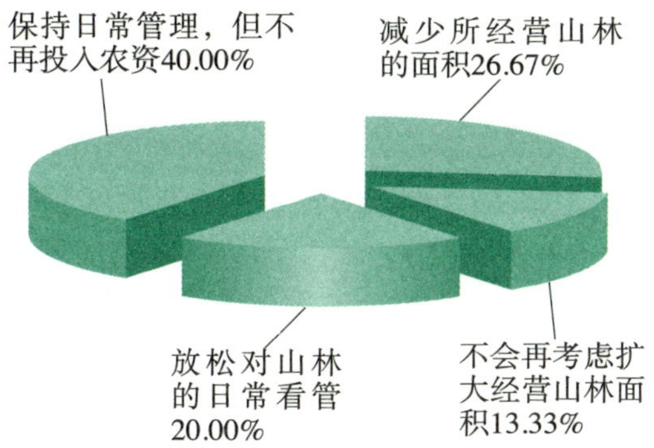

图6.7 农户营林积极性下降的表现形式分布

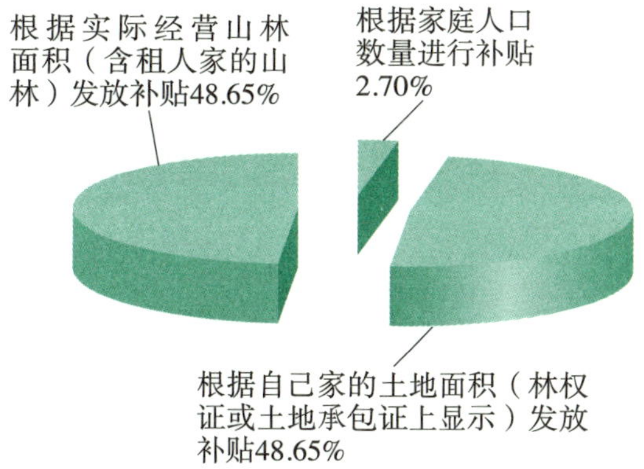

图6.8 农户希望的抚育、造林、苗木良种等补助发放标准分布

假设不再享受林业补助政策，40.54%的被监测农户表示营林积极性下降，其具体表现形式如表6.10，13.33%的农户不会再考虑扩大经营山林面积，20%的农户会放松对山林的日常看管，26.67%的农户会选择减少所经营山林的面积。此外，40%的农户会保持日常管理，但不会再投入农药、化肥等农资（图6.7）。

2.补助政策的组织与实施

（1）在抚育、造林、苗木良种等补助发放方式上，有48.65%的农户希望根据实际经营山林面积（含租人家的山林）发放补助，另外48.65%的农户希望根据自己家的土地面积（林权证或土地承包证上显示）发放补助，还有2.70%的农户希望根据家庭人口数量进行补助（图6.8）。

（2）监测结果显示（图6.9），有62.16%的农户认为政府调动农民经营山林积极性最有效的措施是按照经营山林面积进行直接补助；29.73%的农户认为政府调动农民经营山林积极性最有效的措施是按生态效益补偿，补偿所有山林；8.11%的农户认为政府调动农民经营山林积极性最有效的措施是对种苗、化肥、农药、农机等进行补助。在各项林业补助支付方式上，绝大多数农户倾向于现金支付，其占农户数量的97.14%，只

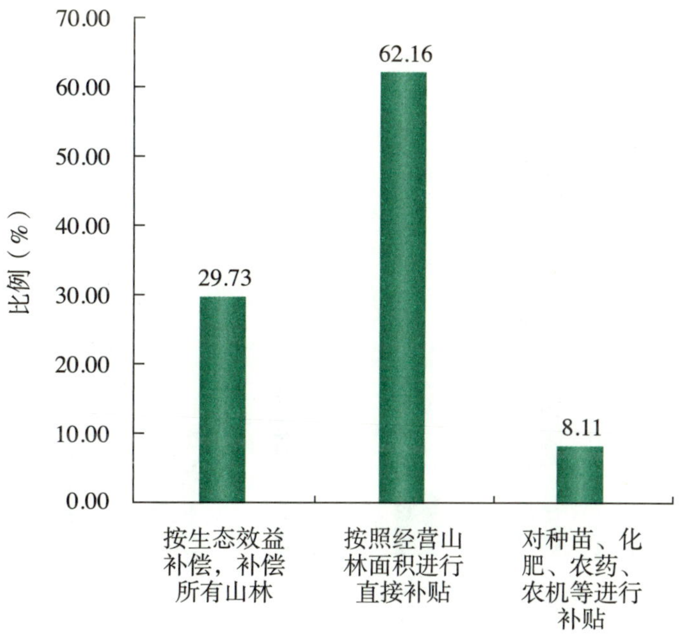

图6.9 政府调动农民经营山林积极性最有效的措施分布

有2.86%的农户倾向于发放实物，没有农户倾向于发放补助券，自己根据情况购买的补助方式。

（3）在集体林区林业补助项目的实施主体选择方面，被监测农户首选是普通散户，68.57%的农户认为普通散户是最适宜的实施主体；其次是合作社，获得14.29%的农户支持；再次大户、专业队各获得5.71%的农户的肯定。此外，还有5.71%的农户不清楚哪个主体最适合（图6.10）。

（4）受访农户生态公益林遭到损失后，希望政府给予的帮助。根据（图6.11）显示，40%的受访农户表示希望政府能给予生活补助，6.06%的受访农户表示希望政府给予免费的提供培训，如何更好地种植树木，29.70%受访农户表示希望政府能够提供低息或者无息贷款，减轻生活负担，11.52%的受访农户表示希望选择政府能够生态移民，10.30%的受访农户表示希望政府能够提供就业机会，帮助受访农户提高经济收入，0.91%的受访农户希望表示政府能够直接发放现金，0.61%受访农户表示希望能够得到更多的树苗，

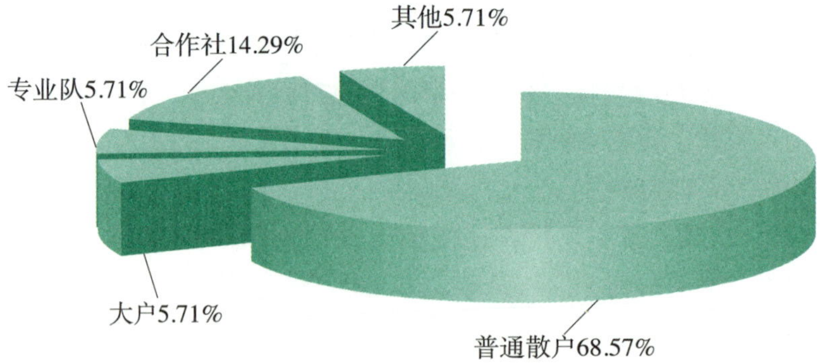

图6.10 最适宜的集体林区林业补助项目的实施主体分布

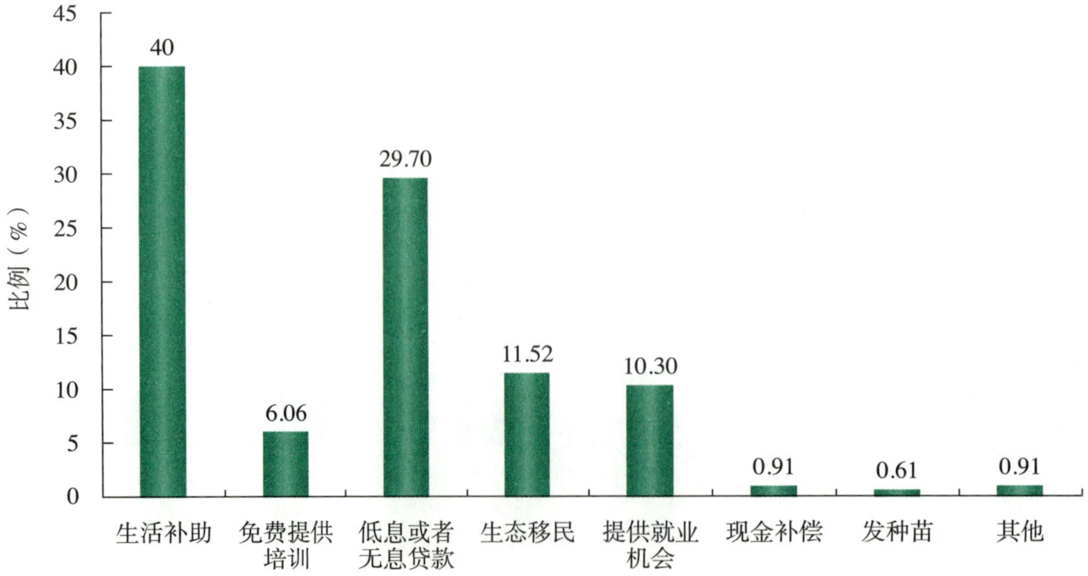

图6.11 在生态公益林使农户经济遭到经济损失时，农户希望得到的帮助

0.91%的受访农户表示希望得到其他方面的帮助。可以看出，大部分受访农户希望政府能够给予生活上的补助，对于其他方式的补助并不受农户的青睐，尤其是发种苗补助，说明了农户生活压力大，收入较低，没有多余的金钱与精力去从事林业生产，而是更希望政府能够给予生活上的补助。

（5）林业补助政策实施后，农户参与林业生产意愿。调查结果显示，林业补助政策实施后，如果农户可以申请林权抵押贷款，60%的被监测农户会用林权抵押贷款来扩大家庭畜牧业，17.14%的农户会选择扩大农作物种植面积，11.43%的农户会用来扩大林木种植面积，2.86%的农户会用来扩大林下经济栽培面积，此外还有8.57%的农户会用来补助生活或经营经济林业（图6.12）。

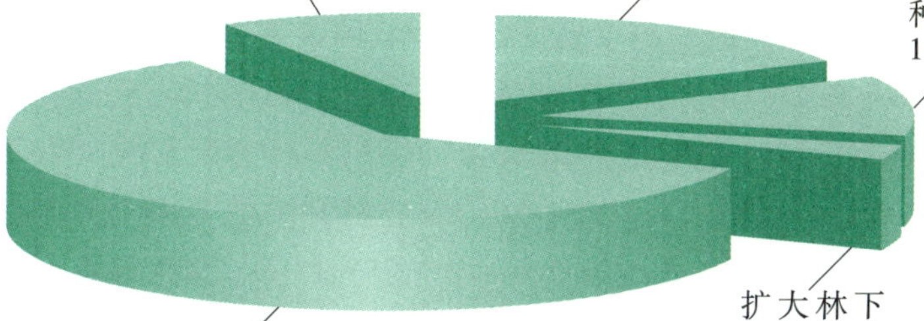

图6.12　农户林权抵押贷款用途设想分布

三、林业补助政策存在的问题与建议

农户层面的林业补助政策监测评价表明，试点较好地实现了森林资源增长和农户增收的目标，大部分农户对林业补助政策的执行效果比较满意。但由于种种原因还存在一些问题和困难，主要有：补助标准较低、补助面不广、补助形式单一、补助环节不够集中、补助管理工作落后等。从基层单位和农户的普遍反映和建议来看，林业补助政策要坚持和肯定，进行跟踪评估林业补助综合效益，推动林业补助规范化和制度化。

（一）存在的问题

1.补助标准偏低，林业经营收入低

威宁县重点公益林补助每亩补助14.75元，地方公益林每亩补助3.20元，退耕还林每亩220元，虽然从总量上而言，政府已经投入较多财力支持营林，但实地调研可以看出，按照中共中央财政造林和抚育的技术规程要求，因为自然条件等客观原因，威宁县在造林上的投入成本要高很多。所以现行中央财政补助资金标准已经实施多年，难以根据不同地区营林成本进行相应的动态调整，难以跟上快速增长的营林成本，也无法有效实现激励农户营林积极性的政策目标。由于各地区实际情况不同，林业补助应充分考虑到当地自然状况、劳动力供给等综合情况而制定补助政策，从而实现低成本、高质量的补助效果，实现农民的创收。

我们可以从农户意愿和实际经营状况方面来看这个问题。

首先，从农户意愿方面看：①85.71%的补助户认为林业补助政策对农户经营山林有促进作用，但是林业生产投入积极性不高，投资意愿不强。②受访农户对林业补助发放方式的意愿：97.14%的农户希望是“现金支付”。③受访农户对林业补助提出的建议：45.83%的农户选择的是“提高林业补助”，39.29%的农户没有任何建议。④在生态公益林遭到损失时，40%的农户希望得到“生活补助”，29.7%的农户希望得到“无息或低息贷款”，说明资金依然是农户主要关心的问题，且更希望得到生活上的补助。⑤根据我们的调研数据，有45.83%的受访农户表示希望政府能够提高林业补助，6.55%的受访农户表示希望补助能够延长期限，5.36%的受访农户表示希望政府能够增强当地森林看管力度，2.98%的受访农户希望政府能够按时发放补助，39%的受访农户目前没有建议，可以看出，农户对当前的林业补助的额度不太满意，希望政府能够提高林业补助额度。总的来说，农户很希望提高林业补助额度，用来补助家用，用于林业的投入较低。

其次，从农户实际经营状况看：①补助资金的使用：49%用于购买生活用品、补助家用，38%用来购买农业生产设备，仅仅有8%的农户将补助资金用于林业生产。②在家庭收入支出方面：受访农户工资收入占家庭总收入的53.33%，农业收入占家庭总收入的30.43%，林业收入占家庭总收入的比例为3.98%；受访农户的生活消费支出占家庭总支出的72.16%。威宁县本身是国家级贫困县，人民生活水平低，而且林业整体运营周期很长，因此林业的市场价格所体现的市场信息往往具有很大的滞后性，再加上林业的长周期生产，导致林业的投资风险高。尤其对于经济发展水平较低，而且高山低温、生态环境脆弱的威宁县，农户的林业投入更低，虽然有80%以上的农户认为林业补助对经营山林有促进作用，但是实际情况是林业收入占家庭总收入的比例很低，还不到4%。

2.林业补助的种类较为单一

林业补助是政府根据一定时期政治经济形势及方针政策，为了达到支持林业发展的目的而由财政安排的专项资金补助支出。林业补助的目的在于发展林业保护生态。农户在种植业上可以同时享受粮食直补及农资、良种、农机购置等多项补助，而农户在林业经营中享受的补助项目过少，林业补助种类较为单一，阻碍了农户营林的积极性。享受到林业补助的农户，大部分为退耕还林补助，占94%，公益林补助占6%。从中可以看出威宁县林业补助种类较为单一，主要集中在退耕还林补助上。补助种类少，补助额度低使得林业补助更像是一种收入补助，对农户林业生产带动性不大，也直接导致农户更容易做出短期的生产行为决策，表现在农户更愿意从事短周期的经济林经营项目，这将影响森林可持续经营和生态安全。

3.农户经营山林积极性不高

由于林业给予农户的经济利益具有周期长、风险大及利润低等特点，并且随着越来越多的农村劳动力外出务工，更多的家庭人口及家庭劳动力数量并不能替代营林雇工，农户经营山林的积极性较低。再加上林业补助政策的激励效果有限，越来越多的农户更倾向于外出打工获得收入。从图6.13中可以看出，农户家庭收入主要来源于工资收入和农业收

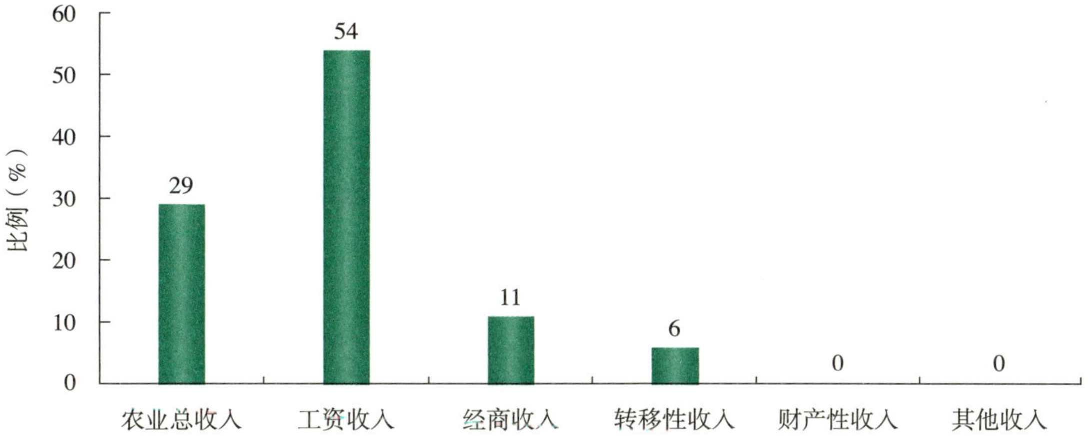

图6.13　农户家庭收入来源占家庭总收入的比例

入，分别占54%和29%，各项转移性收入占6%。并且在农业总收入中，林业收入仅占4%（图6.14）。所占家庭收入比率较低，林业所产生的收益较低，导致农户对林业生产的积极性不高。由此可见农户在林业上的投入高和收益偏低，国家出台补助政策，目的是为了扶持林业的发展，发展现代林业，促进林业产业化，让林业更好地为我国的经济发展做出贡献。而林业补助的投入却未能带动农户对营林投入的增加，可见补助政策所带来的林业社会效益还有待提高。

4.林业补助增加对林业投入的带动不明显

在关于“若林业补助增加，您是否会增加林业方面的投入”的调查报告中（图6.15），21%的受访农户表示会继续增加林业投入，76%受访农户表示会不断减少林业资金投入。可以看出受访农户对林业投入的意愿非常低。在调查的受访农户中，愿意增加0～20%投入比例的占73.21%，增加投入比例在81%～100%区间的仅占2.38%。可以看出，即使受访农户投入生产，投入的数额也是非常少，由此看出受访农户在林业生产投入上的积极性不高，投资意愿也不强。

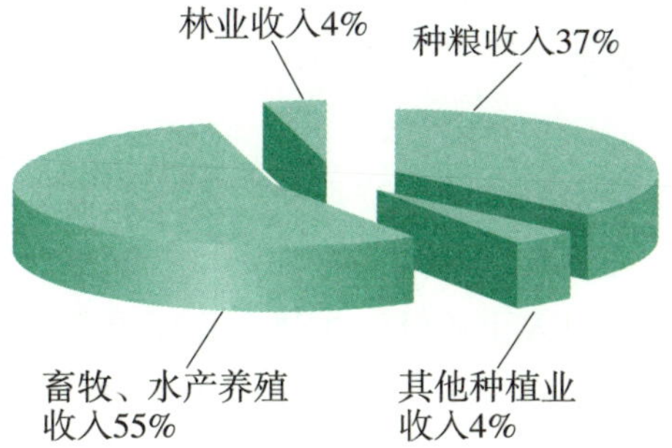

图6.14　农户农业收入结构占比

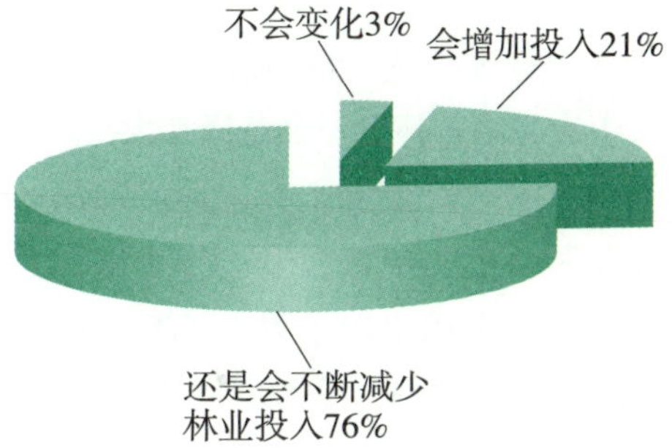

图6.15　林业补贴增加对林业投入变化影响

5.林业补助资金使用结构不合理

根据受访农户调查显示（图6.16），受访农户拿到林业补助资金49%是用于购买生活用品，补助家用。38%用来购买农业生产，比如：化肥、农药等等。8%用于林业生产，比如，购买树苗、化肥等等。其他4%用于其他开支，1%暂时还未使用补助资金。从中可以看出受访农户领到林业补助以后，大部分受访农户对林业补助资金都会用于家庭开支，而真正用于林业生产与农业生产的资金少之又少，从而导致了该地区森林产生的效益较低。

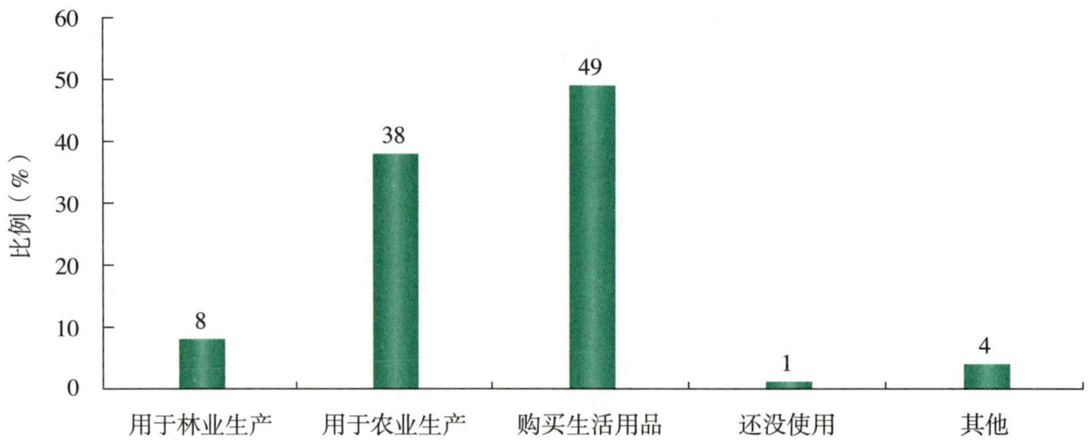

图6.16 农户拿到林业补贴后的使用情况

6.林权分散导致监督交易难

从贵州的实践来看，南方集体林区林权改革后林地分山到户，提升了农户营林积极性，但与此同时，林地面积分散造成了森林经营的困难。中央财政林业补助政策规定在0.07公顷以上的农户就可以申报林业补助项目。因此，为多数农户提供普惠收益的申报政策给当地林业管理部门的项目监督和验收带来了一定的困难。当地林业主管部门需要会同第三方评估针对承担造林和抚育任务的所有农户开展全程监督和验收，林权分散直接造成监督成本明显上升，且作业验收质量难以保证。在贵州省，林权分散造成林业补助项目实施的交易成本增大，主要体现在招投标困难，专业承包队伍由于林权纠纷难以顺利施工，在部分地区出现了招投标流标现象较多，成功率低的困局。因此，深化林权制度改革，推动林业集中管理、减少监督成本是政府对政策的迫切需求。

7.中央与地方补助资金差异性大

受地方财政资金的影响，地方补助与中央补助差距明显。对农户而言，资金数额即政策“好坏”，他们单从数量上作对比，这也导致林业补助政策的落实存在困境，地方政府与农户也会产生相应的矛盾。地方政府林业从业人员少，人手不够，推进工作困难，矛盾难以及时解决，导致问题加剧。原因在于地方政府财政不能与中央财政相比较，但在信息化时代，接收者通常会关注同自己利益相关的字眼和话题，这也是农户与地方政府矛盾关键因素。因此，中央与地方资金相匹配才能在一定程度上缓解这些矛盾，这也是当前地方政府对政策的实际需要。

（二）政策建议

1.实施地区差异，扩大补助范围，鼓励发展森林碳汇

中央财政林业补助政策全国一致，但是各地的地方财政能力不一样，从监测情况来看，地方财力直接影响到公益林生态建设。贵州省对国家生态建设资源的依赖程度较深，由地方财政配套的生态公益林补助比中央财政的少。并且贵州的石漠化情况比较严重，山高土薄，气候恶劣，林业建设成本高。针对贵州这种经济比较落后但生态社会效益极大的省份，建议扩大中央财政补助范围，并且鼓励森林资源与碳汇市场相结合。

2.简化林地流转手续，盘活集体林

针对林地零散化的现状，建议放宽林地流转条件与手续等，给林地转入方简化林权证办理等，明晰产权，延长承包期限等，稳定林业建设，将生态建设的成本社会化，同时也能保障林地承包方的经济收益。盘活集体林，关键还在于森林权属的问题，这些集体林未来该如何更好地产生生态服务功能，应该受到重视。

3.鼓励发展林下经济

监测情况表明，林下经济应该是生态公益林建设的有效辅助手段，威宁县在哲觉镇的中药材合作社就是一个典型案例。该合作社在林下种植天麻500多亩，使当地100多妇女增收，并且天麻对生态的保护更好，有更好的管护作用。此外，林下生态养殖由于产业基础薄弱，并且由于当地政府支持引进企业的大棚养殖，所以林下养殖不成规模。建议国家补助更多支持本地合作社模式的林下种植、养殖。

（执笔人：张宏胜　罗靖　曹子娟）

后记

经过5年积累与努力，《中央财政林业补助政策效益监测与评价(2015—2019)》编撰完成，与读者见面。本书总结回顾了自2012年以来林业补助政策实施情况，基于长时间序列的固定样本监测数据对政策执行成效进行了实证分析，为中央财政支持林业和草原治理体系的进一步构建与完善提供决策参考。此乃本书的亮点。

此项工作得到了财政部和国家统计局等单位的大力支持，得到了国家林业和草原局领导的关心与指导，国家林业和草原局各有关司局以及辽宁省、黑龙江省、浙江省、四川省、贵州省林业（和草原）局的通力协助。感谢中国林业科学研究院、东北林业大学、浙江农林大学、四川农业大学、贵州大学和辽宁生态工程职业学院等院校师生对本书编撰和历年实地监测调查付出的辛勤劳动。

中央财政林业补助政策效益监测与评价是一项长期的工作，我们将继续努力，不断开拓创新。敬请广大读者提供宝贵意见。

地　址：北京市东城区和平里东街18号，100714
国家林业和草原局经济发展研究中心
电　话：010-84239047

编者
2020年4月